Vocational Education

现代职业教育研究文库

U1058982

高等职业教育与区域产业
协同发展研究

潘海生　郄海霞　宋亚峰　著

北京师范大学出版集团
BEIJING NORMAL UNIVERSITY PUBLISHING GROUP
北京师范大学出版社

图书在版编目(CIP)数据

高等职业教育与区域产业协同发展研究/潘海生，郄海霞，宋亚峰著. —北京：北京师范大学出版社，2024. 12
ISBN 978-7-303-28964-6

Ⅰ. ①高… Ⅱ. ①潘… ②郄… ③宋… Ⅲ. ①高等职业教育—产学合作—研究—中国 Ⅳ. ①G718. 5

中国国家版本馆 CIP 数据核字(2023)第 051755 号

图书意见反馈:zhijiao@bnupg.com
营销中心电话:010-58802755 58800035
编 辑 部 电 话:010-58802751

出版发行：北京师范大学出版社 www. bnupg. com
北京市西城区新街口外大街 12-3 号
邮政编码：100088
印 刷：北京天泽润科贸有限公司
经 销：全国新华书店
开 本：787 mm×1092 mm 1/16
印 张：9
字 数：225 千字
版 次：2024 年 12 月第 1 版
印 次：2024 年 12 月第 1 次印刷
定 价：39. 80 元

策划编辑：王云英 责任编辑：高 珊 王云英
美术编辑：焦 丽 装帧设计：焦 丽
责任校对：丁念慈 责任印制：赵 龙

序　言

高等职业教育的跨界性使得其与区域产业的良性互动成为高等职业教育高质量发展的必然选择。正如习近平总书记对职业教育工作作出重要指示时强调的："在全面建设社会主义现代化国家新征程中，职业教育前途广阔、大有可为。"我们职业教育的作为要通过人才培养、技术创新、就业创业、社会服务、文化传承等不同途径来实现。新时代我国职业教育肩负着培养多样化人才、传承技术技能、促进就业创业的重要职责，是国民教育体系和人力资源开发的重要组成部分，是广大青年打开通往成功成才大门的重要途径。换句话说，高等职业教育与区域产业的良性互动需要培育行业企业需要的技术技能人才。因此，促进高等职业教育产教融合、校企合作、工学结合和知行合一就成为我国职业教育改革的逻辑主线。推动区域校企全面加强深度合作，构建校企"命运共同体"，深化区域产教融合成为新时代实现高等职业教育高质量发展的题中应有之义。

高等职业教育需要不断加强产教融合、校企合作，不断提高办学层次与品位，不断更新教育教学标准，不断改进教育教学内容与方法，为社会培养更多的高素质劳动者。同时，要进一步增强职业教育体系嵌入社会体系的品质。正如教育部前部长陈宝生在谈到职业教育服务经济社会发展的策略时提出的，应该让技术技能"长入"经济、"汇入"生活、"融入"文化、"渗入"人心、"进入"议程。"五入"本质上就是要使职业教育体系更高品质地嵌入社会体系，使职业教育成为经济社会发展不可或缺的组成部分，这是对职业教育发展在更广阔的视野上提出的更高层次的要求。职业教育需要跳出学校职业教育的狭隘视角，重新审视自己在经济社会发展中的功能与作用，发展更加多元、更加立体的社会接口，与社会文化系统、社会治理体系、社会生产系统及社会生活系统等形成更顺畅的互动与融合关系。

《高等职业教育与区域产业协同发展研究》一书紧紧抓住了高

等职业教育发展过程中的核心命题，建构了高等职业教育与区域产业协同发展的分析框架，并以此为依据分析了高等职业教育与区域产业协同发展的不同模式，即以天津市为代表的高等职业教育与区域产业协同发展的产教城互动模式，以珠三角城市群为代表的高等职业教育与区域产业协同发展的省域内城市群互动模式，以苏锡常都市圈为代表的高等职业教育与区域产业协同发展的城市群互动模式。三种不同的模式都围绕高等职业教育与区域产业协同发展的历程、模式解构、基本特点等维度展开，有历史视野、有时代韵味，为我们呈现了高等职业教育与区域产业互动的典型模式和现实全景图。与此同时，本书也以具体的省份为例，通过深入的量化研究分析了高等职业教育与区域产业深入互动的实践样态，并在此基础上凝练出了政府政策是高等职业教育与区域产业协同发展的直接推动力、产业需求是高等职业教育与区域产业协同发展的重要驱动力、外溢效应促使高等职业教育与区域产业实现更大范围协同发展等高等职业教育与区域产业协同作用机理。全书除了学理分析，同时也针对高等职业教育与区域产业协同发展过程中单个城市内、省域内的现实问题进行了深入剖析，并提出了有针对性的对策建议，在“顶天”学理研究的基础上又充分回应实践，努力实现“接地气”，将研究写在中国大地上，做到了将“顶天”和“立地”很好地结合。希望本书的出版能够为职业教育的研究和改革实践作出贡献，同时也期待潘海生教授及其研究团队在高等职业教育与区域产业互动问题上取得更大的成绩。

华东师范大学职成教研究所名誉所长、终身教授、博士生导师

2022 年 10 月 16 日

目 录

第一章 绪论

高等职业教育内生于区域产业需求，服务于区域经济社会发展。① 产业结构影响就业结构，进而决定了作为高等职业教育人才培养的基本形式的专业结构。高等职业教育作为现代教育体系中与经济社会联系最为密切的子类型，其发展定位即为直接面向三大产业，以培养高素质技术技能型人才为己任。因而，如何应对不断发展变化的产业需求，培养具有针对性的专门人才，实现人才链、产业链、就业链之间的有机对接，已成为当前我国高等职业教育面临的重大课题。

第一节 研究背景与意义

高等职业教育与区域产业协同发展是区域产业战略发展的外在需要，更是高等职业教育不断提升适应力，实现高质量发展的内在需求。因此，高等职业教育与区域产业协同发展问题研究具有重要的理论与实践意义。

一、研究背景

党的二十大报告指出，我国已经进入高质量发展阶段。高质量发展离不开以实体经济为主的产业体系的高质量发展，更离不开高质量教育体系的有力支撑。

(一)产业转型发展的客观需要

当前，世界百年未有之大变局加速演进，新一轮科技革命和产业变革深入推进，国际力量对比深刻调整，我国发展面临新的战略机遇。因此，必须坚持科技是

① 闵光泰：《第三产业发展与三产人才培养模式探索》，载《教育发展研究》，2005(7)。

第一生产力、人才是第一资源、创新是第一动力，深入实施科教兴国战略、人才强国战略、创新驱动发展战略。相关研究指出，创新驱动发展需要实现从科学研究、实验开发到推广应用的三级跳，依靠产业链部署创新链，依靠创新链布局人才链，形成“三链统合”经济发展新常态下的驱动发展模式。① 经济发展新常态下，产业结构调整的核心在于依靠科学技术的发展进步推动产业的转型升级。而科学技术的发展进步主要依靠两个来源：一个是劳动力结构的升级，另一个是劳动者价值创造能力的提升。相应地，国家需要培养两种人才：一种是高精尖的拔尖创新人才，另一种是拥有先进产业技术的高素质技术技能型人才，二者共同构成了国家发展所需的完整的人才链。这需要以培养高素质技术技能型人才为目标、以与区域经济社会发展紧密契合为追求的高等职业教育，大力推动产教融合，促使人才链与产业链有机耦合，努力适应、配合并逐渐带动、引领区域经济社会发展的产业升级改造，为我国实现由制造业大国到制造业强国的根本性转变提供人才支持。

(二)高等职业教育改革的主观要求

从本质上来说，高等职业教育是一种以不断满足发展变化的产业需求为目标的教育类型。专业建设与产业需求的对接程度是高等职业教育生存与发展的核心所在，也是其人才培养的基本形式。在专业建设方面，高等职业教育应紧随产业需求的变化而不断进行与之匹配的调整改革，致力于探索并构建及时应答乃至提前预测产业需求的专业建设机制。从实践层面上来看，当前高等职业教育的发展未能充分适应产业转型演化的趋势，高等职业院校专业建设表现出明显的滞后性，不能较好地适应产业发展对高素质技术技能型人才的创新需求。特别是在高等职业教育的专业结构调整过程中，存在以下问题：第一，由于产业转型升级的速度日益加快，当前高等职业教育专业结构调整与产业发展需求存在较为严重的脱节现象，专业设置与市场需求无法良好对接，培养的人才不能很好地适应区域经济社会发展的需求，进而导致结构性失业；第二，当前高等职业教育的学科建设和专业设置，缺少对区域经济社会发展需求的充分了解基础上的科学论证，带有较强的随意性和盲目性，进而导致供给侧错配问题；第三，当前高等职业教育存在较为严重的定位不清、缺乏特色的问题，未能充分结合其所在区域的优势特色进行创新，导致大量的高等职业院校在培养目标、教学内容、课程开设、专业设置等方面存在明显的同质化，各区域的高等职业教育尚未形成品牌特色，引发同质化竞争，造成教育资源浪费。为充分应对并解决这些问题，高等职业教育必须进行改革，不断满足区域经济社会发展的需求，紧随区域经济社会的发展步伐与产业结构的调整节奏，以区域内产业结构的具体情况为基础设置专业结构，形成有机协调、紧密对接的专业链、人才链、产业链的有序互动，促进高等职业教育与区域产业协同发展。

---

① 张慧青：《基于产业结构演进的高职专业结构调整研究》，博士学位论文，华东师范大学，2017。

(三)高等职业教育与区域产业良性互动是高质量发展的重要保证

在整个教育体系中，高等职业教育是与产业发展联系最为密切的一种教育子类型。① 高等职业教育与区域产业的协同有序发展是提升区域产业竞争力，带动区域经济社会健康发展的必然。

在国际产业演进的趋势下，以产业竞争力为导向，提升高等职业教育服务作用于产业转型发展的能力，构建其与区域产业协调发展的有机状态，已逐渐成为国际高等职业教育发展的共同趋势。② 各国通过不断完善现代职业教育体系来促进经济发展、提高竞争力与综合国力。德国职业教育以教育成果是否能够满足现代产业发展及在数量与质量层面对技术技能型人才的需求作为衡量职业教育质量的关键指标，各州政府还依据不同区域各自的优势产业对技术技能型人才的多元需求情况实施针对本州职业教育技术技能型人才培养的相关法律法规③，促进技术技能型人才培养的特色化与多元化。瑞士直接面向产业集群的发展需求开展职业教育，不断培养产业集群发展所需的不同类型与层次的技术技能型人才，持续助力产业竞争力的提升。④ 日本职业教育自举办以来，一直致力于与产业形成全方位的协调发展。日本通过明确的立法规定，职业教育要为促进产业发展提供紧密契合的专业结构，坚持以产业结构调整为导向，专业设置要契合产业发展需求。⑤

我国一直高度重视高等职业教育与区域产业协同发展，面对经济社会发展和产业升级需要，先后颁布了《现代职业教育体系建设规划(2014—2020年)》《高等职业教育创新发展行动计划(2015—2018年)》等相关文件，强调加快建设现代高等职业教育体系，深化产教深度融合，提升职业教育适应力，增强职业教育服务现代产业升级转型能力，推动高等职业教育与区域产业协调发展、共同规划、配合升级。⑥

二、研究意义

本研究是一个理论与实践相互联系、紧密结合的主题研究，对高等职业教育与区域产业协同发展具有重要的理论与实践意义。

(一)理论意义

本研究立足于中国高质量发展的时代背景，以高等职业教育与区域产业协同发展为核心议题，以协同理论、高等教育内外部管理规律理论为基础，对高等职业教

---

① 王耀华：《高等职业教育与区域产业协同发展研究——以秦皇岛市为例》，硕士学位论文，河北科技师范学院，2012。

② 郭达：《产业演进趋势下高等职业教育与产业协调发展研究》，博士学位论文，天津大学，2017。

③ 申文缙，周志刚：《德国职业教育质量指标体系及启示》，载《外国教育研究》，2015(6)。

④ 教育部教育规划与战略研究理事会秘书处：《建设中国特色、世界水平的现代职业教育体系》，466页，北京，教育科学出版社，2014。

⑤ 桑凤平：《日本职业教育促进产业发展的经验及其借鉴》，载《教育研究》，2012(6)。

⑥ 郭达：《产业演进趋势下高等职业教育与产业协调发展研究》，博士学位论文，天津大学，2017。

育与区域产业协同发展的内在机理和作用机制进行了分析，构建高等职业教育与区域产业协同发展的分析框架模型；以天津、珠三角、苏锡常三个区域为对象，对当前我国高等职业教育与区域产业协同发展的典型代表开展案例研究。研究丰富了高等职业教育与区域产业协同发展的理论，并为研究高等职业教育与区域产业协同发展提供了翔实的案例。

(二)实践意义

本研究注重扎根实践，坚持理论与实践相结合。一方面，以理论分析阐释高等职业教育与区域产业协同发展的内在机理；另一方面，通过高等职业教育与区域产业协同发展的案例研究，展示高等职业教育与区域产业协同发展的实践样态和典型经验。研究有助于了解我国高等职业教育与区域产业协同发展的现状、典型模型，发现当前我国高等职业教育与区域产业协同发展中存在的主要问题，并针对问题提出相应的优化路径。

第二节　概念界定与文献综述

高等职业教育与区域产业协同发展研究是教育与经济社会发展的相关理论研究的延续，更是高等职业教育在新时代、新背景下的创新和发展。因此，本研究需要在深刻把握已有研究的基础上展开。

一、核心概念界定

本研究的核心问题是探讨高等职业教育与区域产业协同发展的内在机理与作用机制，归纳高等职业教育与不同区域产业协同发展的多元模式，并提出高等职业教育与区域产业协同发展的优化路径。基于这一核心问题，本研究的核心概念包括高等职业教育、区域产业、协同发展。为便于研究的进一步开展，本节将对三个核心概念进行明确界定。

(一)高等职业教育

高等职业教育是各国教育体系中的重要组成部分，由于各个国家教育体系不同，对高等职业教育的界定也不尽相同。有些国家将高等职业教育作为高等教育的一种特殊类型，有些国家则将高等职业教育作为中等后教育类型。尽管各国高等职业教育所属范畴不同、实施机构各异，但均体现出面向区域经济发展和产业需求培养应用型、实践型人才的特征。高等职业教育是伴随着产业革命的进行、生产方式的变革以及国民教育体系的逐步完善而发展起来的。19 世纪，德国、法国等国家已经出现提供高等职业教育的学校，但国外高等职业教育的大发展始于 20 世纪 60 年代。而我国的高等职业教育则起步较晚，直到 20 世纪 80 年代才开始出现。由于高等职业教育由“高等”和“职业教育”两个词合并而成，不同的专家学者对高等职业教育的内涵、培养目标、定位等都存在不同的理解，因而对这一概念的界定也有多种观点，但大多按照以下两个依据划分。

一是根据高等职业教育的属性范畴进行界定。这种观点又可以细分为三种不同的主张。第一种主张也是目前较为普遍的，强调将高等职业教育纳入高等教育范畴，认为高等职业教育是职业性和应用性均较强的一种特定类型的高等教育。联合国教科文组织于 1976 年制定《国际教育标准分类法》(International Standard Classification of Education，ISCED)，并于 1997 年和 2011 年两次进行修订。在 2011 年的版本中，对高等教育重新定义，明确职业教育和学术教育同等地位并强调其重要性。对应《国际教育标准分类法(2011 年)》，我国高等职业教育是 ISCED 5B，属于第三级(中学后教育)层次，为“实践的/技术的/职业的特殊项目(practical/technical/occupational specific programmes)”，面向特定的职业或职业群，针对实际生产生活中的各项工作，培养以专门的技术技能为核心的职业能力。①《中国教育百科全书》中将高等职业教育界定为培养高级应用型实践人才的教育，属于高等教育的范畴，教育形式大致可以分为学校教育和职业培训两种。学校教育的生源主要包括中等职业技术学校毕业生、普通高中毕业生及具有相应文化水平和实践经验的中级技术工人等多种类型，学制通常为 2～3 年；但也有少数的高职院校招收初中毕业生，在此情况下，学制一般延长至 5 年。② 王婷认为高等职业教育的水平较高，因而应属于高等教育范畴，且是特殊类型的高等教育。③ 王亚凤将高等职业教育定义为“培养从事某种职业所必需的既具有专业知识又具有实践能力的高素质技能型人才，以适应经济建设、生产生活需要的一种独立的高等教育类型”。④ 第二种主张将高等职业教育归入职业教育范畴，认为高等职业教育是最高层次的职业教育，而高等教育与职业教育的关系是并列、不交叉的。第三种主张创造性地打破了前两种主张，反对将高等职业教育纳入高等教育、职业教育这两个范畴的任何一个，而是视其为一个独立的概念，并泛化地理解为包含一切培养高级职业技术人才的教育。

二是根据高等职业教育的人才培养目标进行界定。王耀华将人才划分为四类：第一类是学术型人才，以科学家为代表，知识职能表现为发现客观规律并将其转化为科学原理，劳动职能体现为研究、开发、决策。第二类是工程型人才，以工程师为代表，知识职能表现为将科学原理转化为工程方案或图纸，劳动职能也体现为研究、开发、决策。这两类人才对应的教育类型是普通高等教育。第三类是技术型人才，以技师、技术营销员、主管等为代表，知识职能表现为将工程方案或图纸转化

---

① UNESCO，“ISCED，”联合国教科文组织统计研究所网站，2022-07-14.

② 张念宏：《中国教育百科全书》，92 页，北京，海洋出版社，1991。

③ 王婷：《高等职业教育、产业结构与区域经济增长联动机制研究》，硕士学位论文，西南民族大学，2018。

④ 王亚凤：《山东省高等职业教育与区域经济协调发展研究》，硕士学位论文，山东财经大学，2015。

为产品或服务，劳动职能体现为应用型设计、组织、指导、咨询、复杂问题的解决，此类人才对应的教育类型是高等职业教育。第四类是技能型人才，以技术员、技术工人为代表，知识职能表现为实现初级基础的知识性业务，劳动职能体现为从事经验技术与具体操作，此类人才对应的教育类型是中等职业教育。在此分类基础上，他认为高等职业教育的目标就是"培养同时具备较强的理论知识和实践能力的应用型技术人才，以满足经济社会的发展对高层次技术型人才的迫切需求"。① 何海玲认为，与一般职业教育相比，高等职业教育的特殊性表现为培养目标的差异。高等职业教育并不是要培养能够适应具体工作岗位的技术工人，而是要培养兼具知识技术和管理能力的活跃于生产一线的基层技术管理及服务人员。② 高等职业教育培养目标的核心特征表现为综合应用型，一方面强调实践性较强的知识与技术学习，另一方面也注重包含交流沟通能力、服务管理能力等在内的综合素质的培育。张玉琴指出，高等职业教育的本质特征是培养能够直接从事岗位工作的职业技术型人才，其属于较高层次的"社会人"与"职业人"。③ 张海峰、王义谋认为，高等职业教育由高等教育机构提供，旨在培养高级技术人才。④

综合上述学者的观点，本研究将同时从属性范畴与人才培养目标两个维度对高等职业教育这一概念进行界定。从属性范畴维度来看，本研究认为高等职业教育属于较高层次的职业教育，但同时也是高等教育的重要组成部分。从人才培养目标维度来看，高等职业教育是培养综合应用型高级技术人才的活动。此外，需要说明的一点是，本研究的研究范围限定为以学校教育为主要形式的高等职业教育，不包括职业培训等其他多种形式。

(二)区域产业

区域产业这一核心概念由区域和产业两个独立概念组成。关于区域这一概念，不同的学者从不同的划分标准、研究目的和学科视角出发，进行了多种解释。首先，由于区域存在多种不同的划分标准，相应的区域分类随之不同。但无论是以何种标准进行划分，任何一个区域都具有两个特点：一是连续性，即特定的事物在该区域内部具有连贯性。以行政区域为例，表现为行政权力延伸的连续性；以经济区域为例，表现为经济活动的连续性。二是共同性，即特定的事物在该区域内部具有明显高于区域外部事物的共同性。其次，随着研究目的的不同，区域的范围可大可小。若以全球为着眼点，那么一个区域最大可以跨越国际，如亚太经济圈；若以某

---

① 王耀华：《高等职业教育与区域产业协同发展研究——以秦皇岛市为例》，硕士学位论文，河北科技师范学院，2012。

② 何海玲：《高职教育服务区域经济发展的现状及对策研究——以茂名职业技术学院为例》，硕士学位论文，江西财经大学，2017。

③ 张玉琴：《中日职业教育区域研究》，7页，保定，河北大学出版社，2005。

④ 张海峰，王义谋：《高等职业教育概念的科学界定》，载《中国职业技术教育》，2002(18)。

一个国家为着眼点，那么一个区域既可以是这个国家的整体、某个省份、某座城市，又可以是涵盖这个国家若干行政区域的集合，如我国的三大经济圈京津冀、长三角、珠三角。① 最后，不同的学科对于区域这一概念也具有不同的认识。地理学基于自然地理特征，认为区域是具有一定的形状、拥有一定的界线、延续一定的范围、形成一定的面积的地域空间；社会学指出，区域的关键核心是人类社会具有某些相同人文特征的社区的聚集；政治学立足于行政权力划分，认为区域是依据行政权力的覆盖范围所形成的行政单位；经济学则以经济发展水平为标准，根据市场、人口、成本、资源、收益等经济因素对区域进行划分。②

虽然，不同的学者对区域这一概念的理解有所不同，但我们可以总结出其中的共同点，即区域是由多种地理要素相互作用形成的整体，每个区域都有其自身的独特属性，各个区域之间又相互联系、影响。在政治、经济、文化等外界条件的影响下，任何一个区域都始终处于一种不断发展变革的动态平衡中。③ 此外，值得注意的一点是，研究者可以根据研究目的自行调整界定区域范围的大小。本研究中的区域指代为两个层次：第一个层次是指单一的城市层面，以天津市为例；第二个层次是指省域内部的城市群层面，以珠三角城市群和苏锡常都市圈为例。

产业是国民经济中依据特定的社会分工原则所划分的从事产品生产与经营的各个部门，以此满足社会发展方方面面的需要。④ 作为一个经济学概念，产业的内涵主要表现为两个方面。一是产业是伴随着社会分工的出现和生产力的不断发展而形成的。三次社会大分工促成了农业、畜牧业、手工业和商业等产业的出现，三次工业革命凭借飞速进步的生产力发展带动人类社会依次迈入蒸汽时代、电气时代和信息时代。由此可见，产业是与社会生产力发展水平相适应的社会分工形式的具体表现。⑤ 二是产业是具有同类属性或特征的企业所从事的经济活动的集合。从这一点上来看，产业既不是一个个体层面的概念，也不是一个总体层面的概念，而是介于个体与总体之间的一个中观层面的群体概念，组成产业的各个企业经济活动彼此之间存在着一定的共同特征。⑥

综合上述观点，本研究将区域产业定义为：在某一特定地域内部(本研究中特指天津市、珠三角城市群、苏锡常都市圈三个区域)依据一定的社会分工原则，为满足社会各方面需要而进行划分的从事产品和劳务生产及经营的各个部门的集合。

---

① 何海玲：《高职教育服务区域经济发展的现状及对策研究——以茂名职业技术学院为例》，硕士学位论文，江西财经大学，2017。

② 夏鲁惠：《我国高等教育区域化发展研究》，2 页，桂林，广西师范大学出版社，2009。

③ 王亚凤：《山东省高等职业教育与区域经济协调发展研究》，硕士学位论文，山东财经大学，2015。

④ 史忠良：《新编产业经济学》，1 页，北京，中国社会科学出版社，2007。

⑤ 苏东水：《产业经济学》，3～7 页，北京，高等教育出版社，2010。

⑥ 宋胜洲，郑春梅，高鹤文：《产业经济学原理》，3 页，北京，清华大学出版社，2012。

(三)协同发展

协同这一概念最早由战略管理鼻祖伊戈尔·安索夫(Igor Ansoff)于 1965 年首次提出，他认为协同是以资源共享为基础的企业之间互利共生的关系。① 最早系统地提出协同理论的是德国物理学家赫尔曼·哈肯(Hermann Haken)，他发现系统内部的各要素之间通过相互协调、互动合作能够实现 1+1>2 的协同效应。② 协同发展是指在一定的条件下，系统内部各个子系统或要素之间以某一共同目标为指导，彼此之间相互协调合作，达成一种新的有序动态，进而促进共同目标实现的过程。从协同发展这个词语的字面上来看，“协”代表方法，“同”代表结果，“发展”代表过程。其核心表现为在一定动力条件的作用下，系统内部的各个子系统和要素之间密切配合、协调互动，推动系统结构的优化和整体功能的提升，最终实现整合有序的有机发展状态。

就本研究而言，高等职业教育与区域产业协同发展是指在外部环境推动与内部发展需求的双重作用下，高等职业教育系统与区域产业系统以双方各自的有序发展、二者之间的有机互动以及所在区域经济社会的蓬勃发展为共同目标。两个系统内部的专业、人才、产业、岗位等多种要素之间相互配合、密切协调，充分发挥各自的优势，形成“风险共担、利益共享、资源互补、功能耦合、平台互通”的有机共同体，实现高等职业教育与区域产业和谐有序、动态平衡的发展。

二、国内外研究现状

为深入贯彻全国教育大会精神，落实《国家职业教育改革实施方案》，集中力量建设一批引领改革、支撑发展、中国特色、世界水平的高职院校和专业群，带动职业教育持续深化改革，强化内涵建设，实现高质量发展。2019 年 3 月，教育部联合财政部发布《关于实施中国特色高水平高职学校和专业建设计划的意见》(以下简称《意见》)，指出高等职业教育要扎根中国、放眼世界、面向未来，强力推进产教融合、校企合作，聚焦高端产业和产业高端，引领职业教育服务国家战略、融入区域发展、促进产业升级，为建设教育强国、人才强国做出重要贡献。③ 这一文件的出台对高等职业教育的发展定位提出了更高的要求，强调高等职业教育应主动对接产业结构升级调整需求，从被动适应转变为主动配合，为区域产业协同发展提供强大动力。在此背景下，国内关于高等职业教育与区域产业协同发展的研究数量越来越多，范围也越来越广，极大地促进了该研究领域的发展。与此同时，高等职业教育与区域产业协同发展一直是国外教育界、经济界学者开展研究的热点话题。

为了更加系统地了解国内外关于这一主题的研究现状并把握当前研究的热点内

---

① Ansoff H I, “Corporate Strategy revised ed,”Bungay, UK: Richard Clay Ltd, 1987, pp. 35-83.

② Haken H, “Synergetics,”Physics Bulletin, 1977, 28(9), p. 412.

③ 《教育部 财政部关于实施中国特色高水平高职学校和专业建设计划的意见》，中华人民共和国教育部网站，2022-07-07。

容，本节以中国知网(CNKI)和 Web of Science 两大数据库中的相关文献为主要分析对象，对国内外相关研究进行了可视化分析。在 Web of Science 中，数据库选择“Web of Science 核心合集”，引文索引选择“Social Sciences Citation Index”，以“higher vocational education”和“regional industry”为标题检索词进行检索，得到有效文献 69 篇；在中国知网中，以“高等职业教育”与“区域产业”作为主题检索词，将文献来源设置为“北大核心”和“CSSCI”，得到有效文献 122 篇。由于国外研究相对来说较少且较为分散，本节以国内相关研究为分析对象，利用文献计量软件 CiteSpace 对其进行关键词分析，得到国内高等职业教育与区域产业协同发展相关研究的关键词图谱(如图 1-1 所示)，并对这些研究的关键词进行分年段统计(如表 1-1 所示)，以此探索近年来国内关于此主题的研究热点的变化情况。

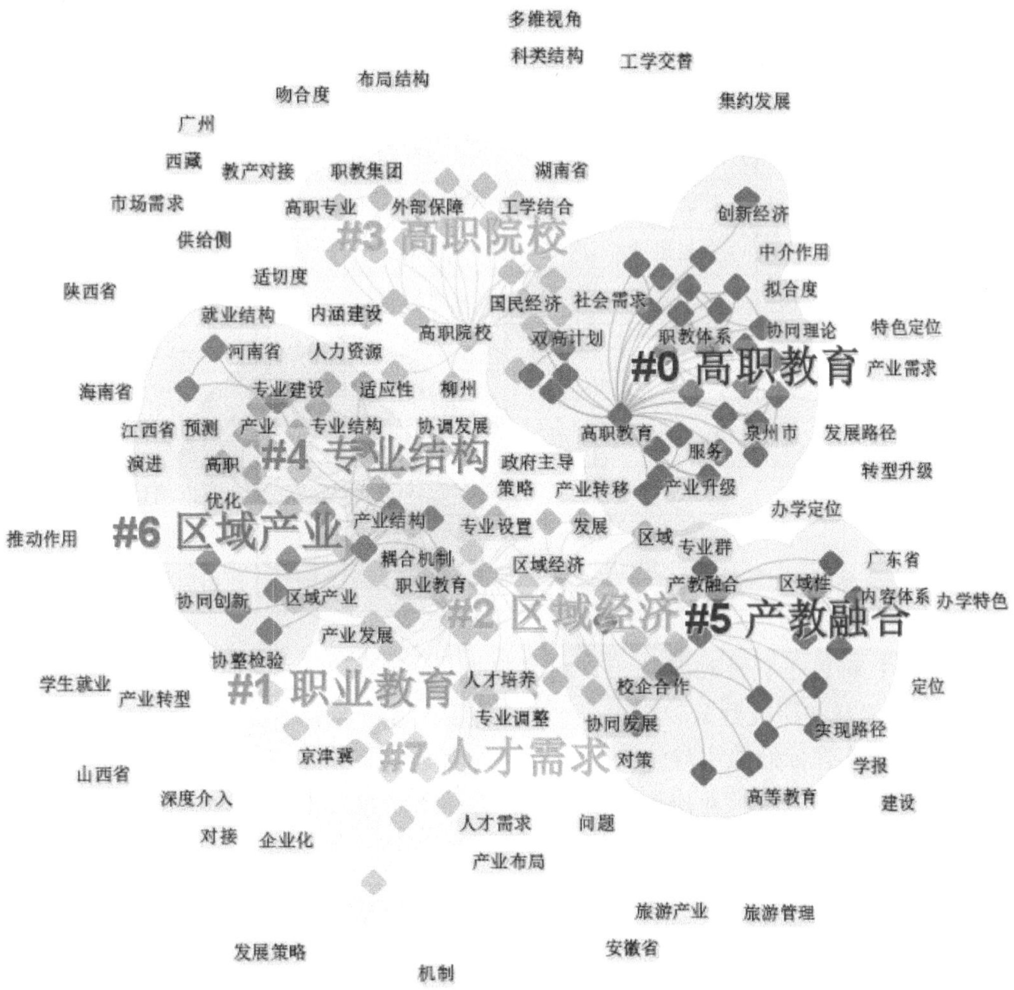

图 1-1　国内高等职业教育与区域产业协同发展相关研究的关键词图谱

表 1-1 中国知网核心期刊高等职业教育与区域产业协同发展相关研究关键词统计(1986—2022 年)

1986—2005 年		2005—2010 年		2010—2015 年		2015—2022 年	
关键词	频次	关键词	频次	关键词	频次	关键词	频次
高职教育	2	高职教育	10	高职教育	18	职业教育	16
人力资源	1	产业结构	5	区域经济	17	高职教育	15
产业结构	1	专业结构	5	产业结构	12	区域经济	14
专业结构	1	高职院校	4	专业设置	12	产业结构	13
形式结构	1	适应性	4	区域产业	10	专业结构	11
专业设置	1	区域经济	3	职业教育	9	专业设置	10
教育资源	1	人才培养	2	专业结构	7	高职院校	8
市场需求	1	问题	2	高职院校	7	区域产业	8
柳州	1	工学结合	2	专业建设	5	产教融合	7
区域经济	1	对策	2	专业群	3	协调发展	6
/	/	职业教育	2	校企合作	3	校企合作	4
/	/	互动关系	2	内涵建设	3	专业建设	4
/	/	专业建设	2	优化	3	产业发展	4
/	/	人才需求	2	人才培养	3	产业转移	3
/	/	多元性	1	发展	3	适应性	3
/	/	服务	1	对策	3	人才培养	3
/	/	基本现状	1	协调发展	3	发展	3
/	/	形式结构	1	产业转移	2	专业调整	3
/	/	专业设置	1	办学模式	2	专业群	2
/	/	工学交替	1	适应性	2	协同发展	2

图 1-1 和表 1-1 的数据显示，高等职业教育与区域产业协同发展的研究始于 1986 年，但最初研究数量较少。2005 年以后尤其是近七年以来的研究数量逐年增加，体现出在国家政策引导、社会发展需求以及高等职业教育自身改革的促进下，高等职业教育与区域产业协同发展相关研究越来越受到重视。通过关键词图谱可以看出，高等职业教育与区域产业逐渐形成产教融合的发展态势，进而协同促进区域经济社会的发展。分年段关键词统计也印证了这一发展态势，高等职业教育自举办以来一直以专业结构与产业结构为核心研究对象，但在 1986—2005 年的研究初期阶段，专业结构与产业结构被看作两个独立的主体，学者通常对其中某一个方面进行研究，对二者之间的互动关系有所忽视。自 2005 年以后，学者们开始逐渐关注高等职业教育专业结构与区域产业结构之间的内在逻辑关系，适应性、工学结合、

工学交替、协调发展、协同发展、校企合作等关键词的频次开始逐渐上升，尤其是2019年发布《意见》以来，高等职业教育愈发重视设置与区域产业紧密对接的专业以此实现与区域产业协同发展，共同推动区域经济社会的繁荣发展。在对高等职业教育与区域产业协同发展这一主题研究现状进行可视化分析的基础上，本节对国内外相关研究现状的具体情况进行归纳整理如下。

(一)高等职业教育与区域产业协同发展的国外研究现状

国外直接关注高等职业教育与区域产业协同发展的研究较少，大多是针对区域产业中高技能人才的职业教育与培训以及区域中的企业与高职院校之间的关系，这些研究成果为本研究的顺利开展提供了一定的参考。

国外相关研究普遍认为，高职院校能够对区域产业集群中的企业产生积极的影响，因而促进产业集群有序发展最为重要的一点就是要厘清高职院校与区域产业集群内的企业之间的有机联系。伊贡戈内·波尔图·戈麦斯(Igone Porto Gómez)等人运用社会网络分析法对西班牙杜兰戈地区的区域创新系统进行研究，结果表明，高等职业培训机构在本地企业实施创新的过程中发挥了十分关键的作用。①亨里克·布伦特·隆德(Henrik Brynthe Lund)和阿斯比约恩·卡尔森(Asbjørn Karlsen)分析了挪威两个制造业地区的行业参与者和职业教育机构之间的合作，结果表明，职业教育机构为当代和未来制造业开发的新教育计划，对提高制造商的竞争力至关重要。此外，他们还解释了职业教育机构和区域创新系统如何在行业知识需求变化方面与新兴技术共同发展，从而促进职业教育机构的新教育计划。② 刘洁针对高等职业教育协同创新体系建设存在的问题，提出了对协同创新相关政策体系建设、信息共享机制、利益共享机制和协同育人机制建设的建议和意见，以期为完善高等职业教育提供参考。③ 格雷厄姆·阿特韦尔(Graham Attwell)在区域创新背景下高等职业教育所面临的新的角色变化与责任的基础上，提出了高等职业教育的新型框架。④ 格雷特·鲁斯顿(Grete Rusten)和布里塔·赫梅林(Brita Hermelin)探讨了瑞典和挪威职业教育与培训的产教合作，特别关注提高职业教育与培训的声誉和

---

① Porto Gómez I, Zabala-Iturriagagoitia J M, Aguirre Larrakoetxea U, "Old wine in old bottles: The neglected role of vocational training centres in innovation," Vocations and Learning, 2018, 11(2), pp. 205-221.

② Lund H B and Karlsen A, "The importance of vocational education institutions in manufacturing regions: adding content to a broad definition of regional innovation systems," Industry and Innovation, 2020, 27(6), pp. 660-679.

③ Liu J, "Research on Construction of Collaborative Innovation System for Realization of More Attractive Higher Vocational Education," 3rd International Conference on Arts, Design and Contemporary Education (ICADCE 2017). Atlantis Press, 2017, pp. 801-803.

④ Attwell G, "New roles for vocational education and training teachers and trainers in Europe: a new framework for their education,"Industrial and commercial training, 1999, 31(5), pp. 190-200.

质量以及满足行业对技能需求的目标是如何在两种不同的组织模式中形成的。① 米克尔·奥拉扎兰(Mikel Olazaran)等人指出，西班牙实施旨在实现职业教育体系现代化并改善其教育和发展功能的教育改革 20 年来，教育与工业之间的关系尚未得到广泛研究。他们回顾有关该主题的最新国际文献，然后着眼于以学校为基础的西班牙职业教育背景下的一个高级区域案例。分析来自巴斯克地区 330 家工业公司样本的数据，应用二元逻辑回归以确定与中小企业和职业学校的合作关系相关的因素。② 莉安娜·玛丽娜·兰加(Liana Marina Ranga)等人采用三螺旋视角来研究小型企业、高等职业培训机构、政府和其他公共机构之间知识转移不畅的原因，主要原因包括各方之间的沟通不足，政府机构对小型企业的具体问题知之甚少，政府针对小型企业的计划的可见度低、官僚主义高以及具有创业支持使命的机构之间的职责重叠、文化和语言差异等。③ 伊利亚·谢格尔曼(Ilya Shegelman)等人指出，产教融合是推动高等职业教育发展的重要因素。④

此外，国外相关研究对于“高技术技能人才能够提高产业集群的竞争力”这一观点持有普遍肯定的态度，认为产业集群若要获得有序发展，更重要的是需要汇聚大量的技术技能型人才。迈克尔·波特(Michael Porter)指出，产业集群具有推动创新并形成技能型劳动力资源库的优势。⑤ 克里斯蒂娜·贝尔尼尼(Cristina Bernini)在对意大利会展产业集群进行深入研究的基础上得出结论：意大利会展产业集群之所以能够获得蓬勃发展，重要原因之一就在于其拥有大量具有熟练操作技能和专业知识能力的劳动力。⑥ 斯蒂芬·布鲁诺(Stephan Brunow)等人分析德国就业统计数据的结果证明，高素质的技术技能人才的集聚能够提高企业的劳动生产率。⑦ 琼蓬·蒙空瓦尼(Jomphong Mongkhonvanit)以泰国的汽车产业集群为对象，

① Rusten G and Hermelin B, “Cross-sector collaboration in upper secondary school vocational education: experiences from two industrial towns in Sweden and Norway,” Journal of Education and Work, 2017, 30(8), pp. 813-826.

② Olazaran M, Albizu E, Otero B, et al, “Vocational education-industry linkages: intensity of relationships and firms' assessment,” Studies in Higher Education, 2019, 44(12), pp. 2333-2345.

③ Ranga L M, Miedema J, Jorna R, “Enhancing the innovative capacity of small firms through triple helix interactions: challenges and opportunities,” Technology Analysis & Strategic Management, 2008, 20(6), pp. 697-716.

④ Shegelman I, Shchukin P, Vasilev A, “Integration of universities and industrial enterprises as a factor of higher vocational education development,” Procedia-Social and Behavioral Sciences, 2015, 214, pp. 112-118.

⑤ Porter M E, “Location, competition, and economic development: Local clusters in a global economy,” Economic development quarterly, 2000, 14(1), pp. 15-34.

⑥ Bernini C, “Convention industry and destination clusters: Evidence from Italy,” Tourism Management, 2009, 30(6), pp. 878-889.

⑦ Brunow S, Blien U, “Agglomeration effects on labor productivity: An assessment with microdata,” Region, 2015, 2(1), pp. 33-53.

指出其发展受到了教育培训投资不足造成的技能型劳动力缺乏以及劳动力技能素质差的严重影响。① 安库尔·古普塔(Ankur Gupta)指出，为了促进印度加快适应并融入蓬勃发展的知识经济时代，顺利应对知识经济时代所提出的发展需求，职业教育体系需要培养足够多的高技能和训练有素的知识工作者和高级学位持有者。②

从更为微观的具体实践视角来看，国外在促进高等职业教育与区域产业协同发展时大多采用工学结合、合作教育的模式，在办学过程中综合考虑多方利益相关者的多元需求，促使高等职业教育与区域产业实现协同发展的有机耦合。最典型的工学结合模式有北美的能力本位教育(Competency Based Education，CBE)、德国的双元制(German Dual Apprenticeship System)、澳大利亚的技术与继续教育(Technical And Further Education，TAFE)和英国的商业与技术教育委员会(Business & Technology Education Council，BTEC)，它们被学者们称为现代四大职教模式，影响十分广泛。

通过对国外相关研究的梳理发现，国外关于高等职业教育与区域产业协同发展的相关研究侧重于对某一区域、某一特定的产业集群进行实证研究，聚焦于从具体实践层面上分析高等职业院校与区域产业集群二者之间的相互作用关系。相对来说，二者之间深层本质的互动关系缺乏较为深入的理论分析与探索。

(二)高等职业教育与区域产业协同发展的国内研究现状

本研究的主题为“高等职业教育与区域产业协同发展”，也就是探究二者之间的有机互动关系，归根结底就是教育链、专业链、人才链、产业链之间的联系。对上述这些相关词汇在中国知网上进行主题检索，筛选出大约100篇核心期刊文献，可以发现关于这一主题的研究大概从2000年以后开始，2019年至2021年的研究成果急剧增加，研究内容大概围绕“是什么”“为什么”“如何做”三个维度展开。

1. 高等职业教育与区域产业协同发展是什么

“高等职业教育与区域产业协同发展是什么”这一维度主要包含了高等职业教育与区域产业协同发展的内涵、关系、内容、类型、适应度、现状、问题、困境等多方面。

从高等职业教育与区域产业协同发展的内涵来看，主要强调多方利益相关者为实现共同目标所形成的动态耦合关联。邱福明、鞠红霞指出，高职教育专业群与产业链的协同发展是指在特定的区域范围内，某一高职专业群与区域内相关产业链在政府的宏观引导下，以二者的共同发展目标为指导，高职专业群汇聚其所在院校、相关企业、技术研究中心等多个部门的力量，充分发挥各自的资源优势、整合互补

---

① Gabriele I. E.，Strohschen，“Handbook of blended shore education，”Springer US，2009，pp. 241-259.

② Gupta A，“Securing the future of the Indian IT industry：a case for educational innovation in higher technical education—challenges and the road ahead，”Industry and Higher Education，2005，19(6)，pp. 423-431.

性要素，促进各利益相关者的互利共赢。① 徐兰、王凯风认为，高水平专业群适应性发展的内涵意蕴应包括适应区域产业布局、适应产业技术变革、适应岗位链的多维性、适应外部环境的动态发展。② 王亚南、成军强调，专业群构建应与区域产业集群保持一种动态耦合匹配的状态；专业群构建是一个动态过程，而非静态结果；专业群构建是一个生态化过程，而非学科专业的简单堆砌。③

从高等职业教育与区域产业协同发展的关系来看，二者之间体现为一种双向互动的有机关系，即高等职业教育支撑区域产业的升级改造与转型发展，同时区域产业又引导高等职业教育的改革与发展。沈陆娟深入分析了高等职业教育的规模、层次、形式、专业、人才培养模式、师资、布局结构与产业结构的互动关系。④ 谢琪、谢志远阐述了人才链与产业链之间的耦合关系。一方面，人才链支撑产业链的完善与升级，是产业链正常运转的基础条件，推动产业链技术升级，促进产业链创新发展，助推产业链延伸；另一方面，产业链引导人才链的形成与丰富，为人才链的形成提供了物质基础，为人才链的成长提供了实践平台，为人才链的丰富提供了广阔空间。⑤ 王亚南、成军明确了教育链、人才链与产业链"三链"耦合的匹配逻辑：产业链主导人才链的形成与发展方向；人才链是支撑产业链发展的重要基础；人才链在教育链与产业链的耦合匹配中起到中介桥梁作用。⑥

从高等职业教育与区域产业协同发展的内容来看，主要聚焦于高等职业教育与区域产业协同发展过程中所涉及的多元主体、价值整合、利益分配、资源共享。张扬、王颖指出，高等职业教育与区域战略新兴产业协同发展的内容包括：高职教育与区域战略新兴产业的发展目标统一；以高等职业教育专业结构为基础培养的高素质技术技能型人才与新兴产业战略发展所需的人才相契合；高等职业教育的专业教学与产业合作实践相互促进。⑦ 付世秋、王双明提出，在区域产业与高职院校创新机制构建中包括多元主体协同机制、价值整合协同机制、利益整合协同机制、资源整合协同机制、协同实施机制五个方面的内容。⑧

---

① 邱福明、鞠红霞：《高职专业群与产业链协同创新的价值与路径探索》，载《中国高等教育》，2020(Z3)。

② 徐兰、王凯风：《高水平专业群适应性发展的内涵意蕴、掣肘因素与实践模式》，载《职业技术教育》，2022(4)。

③ 王亚南、成军：《高职院校高水平专业群建构：内涵意蕴、逻辑及技术路径》，载《大学教育科学》，2020(6)。

④ 沈陆娟：《高职教育与区域产业结构的互动研究》，载《职教论坛》，2010(27)。

⑤ 谢琪、谢志远：《人才链匹配产业链视域下高职院校专业群建设：要旨、机制与路径》，载《中国职业技术教育》，2020(8)。

⑥ 王亚南、成军：《职业教育专业群建构的三维逻辑：产业需求、知识关联及有效治理——基于教育链、人才链与产业链的耦合匹配》，载《职教通讯》，2021(4)。

⑦ 张扬、王颖：《高职教育与区域战略新兴产业协同发展途径研究》，载《江苏高教》，2016(1)。

⑧ 付世秋、王双明：《职业教育及区域产业发展协同创新的逻辑与机制》，载《继续教育研究》，2016(10)。

从高等职业教育与区域产业协同发展的类型来看，学者们根据产业集群理论、社会结构化理论等相关理论，以多元化维度为分类依据，将高职院校的专业群划分为多种类型。胡德鑫、纪璇基于产业集群理论和社会结构化理论的概念构架，以特定产业的市场需求度、高职院校内部专业设置的集中度为划分标准，将高职院校专业集群模式分为多元化发展、特色化发展、限制型发展、转型式发展四种类型，并解析各类型的基本特征与现实困境，进一步指出高职院校专业整体水平的提升行动路径。① 王亚南、成军依据专业群所对应的职业岗位群内部不同职业岗位之间的关联模式和高职院校对专业群的组织管理方式，将专业群划分为学科技术型专业群模式、复合紧密型专业群模式、行业聚集型专业群模式、行业松散型专业群模式四种基本模式。②

从高等职业教育与区域产业协同发展的适应度来看，这类研究大多为案例研究，通过对高职院校专业结构情况与区域产业结构情况进行数据分析测算其偏离度，以探究二者之间的适应性关系，并根据量化结果提出针对性建议。陈基纯、王枫在分析粤港澳大湾区产业结构、粤港澳大湾区高职专业设置情况、粤港澳大湾区高职专业设置与区域产业结构契合性的基础上，提出了粤港澳大湾区高职专业设置与产业结构契合的发展路径。③ 岳爱臣等人对泉州信息工程学院进行了案例研究，泉州信息工程学院锁定先进制造、电子信息、软件工程等闽南地区优势产业布局，努力构建与区域产业链、技术链、创新链紧密结合的学科专业体系，深度融合地方产业的客观需求，以此达成高等职业教育与产业布局发展契合的目标。④

从高等职业教育与区域产业协同发展的问题和困境来看，高等职业教育在与区域产业协同发展的过程中仍然存在目标定位不够准确、治理水平不高、对接不够密切、服务水平不足等宏观和微观层面的问题，亟待解决。岑华锋提出，高职院校专业群建设服务区域经济社会发展的现实困境包括：现代化治理水平不高、技术服务能力有限、教学核心基础有待加强。⑤ 苏菡丽等人通过统计数据调研分析总结出苏州高等职业教育服务区域经济发展的现状与存在的问题是：办学定位普遍较高，与地方产业发展需求匹配度不高；专业设置大而全，与产业结构对接不紧密；

---

① 胡德鑫、纪璇：《“双高计划”背景下高职院校专业集群建构逻辑与路径研究》，载《中国职业技术教育》，2021(14)。

② 王亚南、成军：《高职院校高水平专业群建构：内涵意蕴、逻辑及技术路径》，载《大学教育科学》，2020(6)。

③ 陈基纯、王枫：《产教融合视域下粤港澳大湾区高职教育专业设置与区域产业结构契合性研究》，载《教育与职业》，2021(17)。

④ 岳爱臣、李怀伦、唐洪森：《论高等职业教育与产业布局发展契合度——以泉州信息工程学院深度融合地方产业为例》，载《职教论坛》，2019(1)。

⑤ 岑华锋：《“双高计划”背景下高职院校专业群建设服务区域的价值突破、现实困境和策略建议》，载《职教通讯》，2021(5)。

社会服务水平弱，服务能力跟不上企业需求。① 徐兰、王凯风从宏观、中观和微观三个维度指出了现阶段高水平专业群适应性发展的掣肘因素：宏观因素是较难实现区域内专业群共建；中观因素是较难实现多方跨界协同育人；微观因素是现有管理模式相对固化。② 孟传慧通过对高职人才链与区域产业链适配现状分析得出：高职人才链与区域产业链适配度不高既体现在宏观层面上，也体现在微观层面上。宏观层面上的问题主要表现为：政府、产业和高职院校三方对各自及彼此的角色认知不够明确；专业设置与产业需求、课程内容与职业标准、教学过程与生产过程等一系列对接不够紧密；校企合作深度、广度不够，体制机制落后于产业需求；职业教育社会服务能力较弱；企业文化与职业院校校园文化并未有机融合。从微观层面上来看，最为突出的一点是高等职业教育的人才培养规格与市场需求存在较大程度的不符，此外还有高职专业课程设置不能满足岗位需求，实践教学环节中技能训练不能满足岗位技能需求，教师的职业素养薄弱，实践条件不足。③

2. 为什么高等职业教育要与区域产业协同发展

“为什么高等职业教育要与区域产业协同发展”这一问题反映了高等职业教育与区域产业协同发展的意义与必要性，主要包括国家层面的战略政策需要、社会层面的经济社会发展需求以及高等职业教育自身层面的转型与可持续发展要求。

岑华锋提出高职院校专业群建设服务区域的四点价值突破：首先，是战略价值，以国情引领高水平专业群建设服务国家战略；其次，是社会价值，为满足人民群众更美好生活助力；再次，是经济价值，为区域经济发展实现新旧动能转换；最后，是内生价值，在对接区域产业链中实现内生革新。④ 刘海明指出了高职院校产教融合推动产业转型发展的现实意义：一方面，产业转型升级是经济社会发展的必然趋势；另一方面，在产业转型升级的过程中，迫切需要高等职业教育为其提供高素质的技术技能型人才作为支撑。此外，从现实情况来看，当前高等职业教育的人才培养质量还不能较好适应产业转型升级的发展需要。⑤ 孟传慧阐述了高职人才链与区域产业链适配的必然性：第一，是高素质技术技能型人才培养的必然需求；第二，区域产业链对高职人才链培育具有必然的引领作用；第三，高职人才链与区域

---

① 苏菡丽、李俊飞、沈文其：《产业转型升级背景下苏州高职教育服务区域经济发展的实践与思考》，载《教育与职业》，2018(12)。

② 徐兰、王凯风：《高水平专业群适应性发展的内涵意蕴、掣肘因素与实践模式》，载《职业技术教育》，2022(4)。

③ 孟传慧：《高职人才链与区域产业链适配下的校企合作助推路径探讨》，载《职教论坛》，2019(5)。

④ 岑华锋：《“双高计划”背景下高职院校专业群建设服务区域的价值突破、现实困境和策略建议》，载《职教通讯》，2021(5)。

⑤ 刘海明：《产教深度融合：高职院校推进区域产业转型升级的战略选择》，载《高等工程教育研究》，2020(6)。

产业链达成匹配是企业实现盈利发展的必然需求；第四，高职人才链与区域产业链的适配在一定程度上可以促进职业教育达成伟大的历史使命。①

3. 高等职业教育应如何做才能与区域产业协同发展

"高等职业教育应如何做才能与区域产业协同发展"这一维度主要基于上文"是什么""为什么"两个维度对高等职业教育与区域产业协同发展的内涵把握以及目前高等职业教育在与区域产业协同发展过程中所存在的问题，有针对性地提出相应的对策建议，主要涉及目标理念、共同治理、机制构建、人才培养、师资队伍、课程专业设置等多个方面。

从目标理念来看，纪慧蓉指出，要重塑高等职业教育理念，调动多方社会力量参与高等职业教育建设的积极性，强化协同办学理念②；张扬、王颖认为，要加强高等职业教育与区域产业发展的前瞻性战略规划，依据区域发展目标明确产业发展需求，设立高等职业教育发展重点③；姜燕提出，地方政府要将高等职业教育纳入地方经济社会发展的规划之中，统筹布局区域经济社会发展与高等职业教育发展的规模与速度，充分发挥政府的宏观调控、目标引导与资源配置作用④。

从共同治理来看，李梦卿、邢晓认为，应以多元协同治理为基础，完善专业建设体制机制⑤；岑华锋提出，高职院校专业群建设服务区域经济社会发展要通过文化引领不断加强治理现代化内功修炼⑥；刘海明提出，要深化治理结构改革，形成多元化办学体制，创新多主体合作模式⑦；徐兰、王凯风指出，实现高水平专业群建设的治理基础在于确定各个主体嵌入高水平专业群建设的柔性治理模式，与此同时，治理关键在于确定高水平专业群及群落和生态系统的灵活运作机制⑧。

从机制构建角度，唐智彬、石伟平阐述了高等职业教育与产业协同发展机制。即构建高等职业教育与产业协同发展机制的基础主要包括：产学多元主体分享共同

---

① 孟传慧：《高职人才链与区域产业链适配下的校企合作助推路径探讨》，载《职教论坛》，2019(5)。

② 纪慧蓉：《产业升级视域下高职教育服务区域经济的功能及优化策略》，载《教育与职业》，2014(27)。

③ 张扬、王颖：《高职教育与区域战略新兴产业协同发展途径研究》，载《江苏高教》，2016(1)。

④ 姜燕：《共生共振：高职教育与区域经济发展的新路径——以常州高职教育园区为例》，载《黑龙江高教研究》，2012(11)。

⑤ 李梦卿、邢晓：《"双高计划"背景下高职院校专业建设的路径》，载《高等教育研究》，2020(5)。

⑥ 岑华锋：《"双高计划"背景下高职院校专业群建设服务区域的价值突破、现实困境和策略建议》，载《职教通讯》，2021(5)。

⑦ 刘海明：《产教深度融合：高职院校推进区域产业转型升级的战略选择》，载《高等工程教育研究》，2020(6)。

⑧ 徐兰、王凯风：《高水平专业群适应性发展的内涵意蕴、掣肘因素与实践模式》，载《职业技术教育》，2022(4)。

的协同意愿、产学协同微观主体形成共同的利益基础、以系统序参量为主要依据构建协同机制、差异协同原理。高等职业教育与产业协同发展机制的内容主要包含：多元主体协同创新机制、价值整合协同机制、利益整合协同机制、资源整合协同机制、协同实施机制。①

从人才培养角度，李梦卿、邢晓提出，以区域产业发展为导向，明确专业人才培养目标②；刘海明指出，要创新产教融合的对接方式，构建高等职业教育全链式人才培养体系③；陈基纯、王枫认为，应加强区域统筹规划与顶层设计，科学构建高等职业教育专业动态调整机制④；刘家枢提出，要创立适应产业集群发展要求的高等职业教育人才培养模式，具体包括工学交替、顶岗实习、双元制等多种形式⑤；赵晶晶指出，人才培养模式必须以产教融合为核心，将人才链通过专业链与区域产业链有效对接，以此培养发展定位清晰且多元化的专业人才⑥。

从师资队伍建设角度，李梦卿、邢晓提出，以教学创新团队为支撑，强化专业师资队伍建设⑦；张耘、蒋心亚指出，要以区域经济特色和企业资源为源泉，精心打造双师型师资品牌⑧；郭江平、谢晓轲认为，一方面聘任一批具有行业影响力的专家作为专业带头人，聘任一批企业的优秀专业人才作为兼职教师；另一方面鼓励和支持兼职教师申请教学系列专业技术职务，支持兼职教师或合作企业牵头申报教学研究项目、教学改革成果，吸引企业技术骨干参与专业建设与人才培养，从而切实加快双师型师资队伍建设⑨。

从课程专业设置角度，李梦卿、邢晓提出，以校企命运共同体为依托，改革专业课程及教学体系⑩；岑华锋指出，实现校企共建的核心关键在于聚焦教学，落脚

---

① 唐智彬、石伟平：《论高等职业教育与产业发展协同创新的逻辑与机制》，载《教育与经济》，2015(4)。

② 李梦卿、邢晓：《“双高计划”背景下高职院校专业建设的路径》，载《高等教育研究》，2020(5)。

③ 刘海明：《产教深度融合：高职院校推进区域产业转型升级的战略选择》，载《高等工程教育研究》，2020(6)。

④ 陈基纯、王枫：《产教融合视域下粤港澳大湾区高职教育专业设置与区域产业结构契合性研究》，载《教育与职业》，2021(17)。

⑤ 刘家枢：《建设专业集群——区域高职院校协同创新组织模式的战略思考》，载《职教论坛》，2013(10)。

⑥ 赵晶晶：《区域发展战略视角下的职业教育空间布局优化研究》，载《职教论坛》，2016(36)。

⑦ 李梦卿、邢晓：《“双高计划”背景下高职院校专业建设的路径》，载《高等教育研究》，2020(5)。

⑧ 张耘、蒋心亚：《高职教育专业结构适应区域经济发展的理性思考》，载《职教通讯》，2015(21)。

⑨ 郭江平、谢晓轲：《高职院校建设协同创新平台提升社会服务能力的研究与实践——以佛山职业技术学院为例》，载《职教论坛》，2014(2)。

⑩ 李梦卿、邢晓：《“双高计划”背景下高职院校专业建设的路径》，载《高等教育研究》，2020(5)。

高等职业教育的“三教”改革①；苏菡丽等人提出，要建立专业预测系统，优化专业与产业的紧密对接机制②；赵晶晶认为，专业设置的调整应聚焦服务于区域经济社会发展战略，依据职业资格和岗位需求设置专业，并开展长期的人才需求追踪，根据区域经济社会发展的需求变化对专业设置进行动态调整③。

（三）国内外研究现状评价

从已有研究来看，高等职业教育与区域产业协同发展这一主题是国内外学者共同关注的内容。学者们从宏观、微观等角度对其进行了深入分析与阐述，取得了较丰富的研究成果。但已有的研究在研究视角、研究方法、研究内容等方面还存在一些不足。

首先，研究视角较为宏观。通过梳理文献可以发现，已有研究大多集中于从区域产业结构和高等职业教育专业结构两个较为宏观的层面来探讨二者之间的关系，如分析某个省份或地区高等职业院校专业结构与所在区域产业之间的协同性、适应性、匹配性等，对于二者关系的探讨缺乏更为深入、更加切合实际的分析。很少有研究者能够同时立足于产业与高等职业院校开展实地调研，深入整个协同发展的过程中，以探究二者之间适配性不足问题的具体表现和深层原因。高等职业教育与区域产业协同发展研究需要从专业结构调整与产业宏观发展的关系等外部因素入手来讨论，同时更加需要深入研究区域产业中某一具体的行业、企业本身的运行影响高等职业院校专业结构调整的内在过程。

其次，研究方法较为单一。具体表现为经验性研究较多，理论分析和量化研究较少。现有研究大多为经验性研究和对发展现状的描述性研究，缺乏对高等职业教育与区域产业协同发展的理论探索，仅仅局限于对二者之间互动的表象进行静态的描述性分析；缺少高等职业教育与区域产业协同发展的系统性分析框架，难以把握二者之间的互动规律和内在机理。此外，目前的研究大多是定性研究，虽然也有学者通过构建高等职业教育专业结构和区域产业结构的匹配模型来分析二者之间的有机联系，但总体而言定量研究的成果较少，且很少有学者能够将定性研究与定量研究相结合，研究方法缺乏综合性和多元性。

最后，研究内容较为泛化。目前关于高等职业教育与区域产业协同发展的研究大多聚焦于原因、目标、主体、机制等方面，较为全面地回答了“二者协同发展是什么、为什么要协同发展、如何更好地协同发展”三个问题。但很少有研究者能够基于某个省份或是某个城市的案例进行系统性的研究，导致已有研究提出的大多是

---

① 岑华锋：《“双高计划”背景下高职院校专业群建设服务区域的价值突破、现实困境和策略建议》，载《职教通讯》，2021(5)。

② 苏菡丽、李俊飞、沈文其：《产业转型升级背景下苏州高职教育服务区域经济发展的实践与思考》，载《教育与职业》，2018(12)。

③ 赵晶晶：《区域发展战略视角下的职业教育空间布局优化研究》，载《职教论坛》，2016(36)。

一些理论性的建议，较少看到基于高等职业院校和相关区域产业全面统计数据的研究，所提出的具体对策建议的借鉴性和可操作性不足。

基于此，本研究尝试采用一种新的研究视角，从影响高等职业教育与区域产业协同发展的内外部环境出发，运用基于实地调研的多案例研究方法，深入探究两个层面的高等职业教育与区域产业协同发展的内在机理。单一城市层面，以天津市为例；省域内城市群层面，以珠三角城市群和苏锡常都市圈为例。总结高等职业教育与不同区域产业协同发展的多元模式，构建促进二者协同发展的动态结构模型。在此基础上提出相应的优化路径，从而为我国各个区域的高等职业教育与产业的协同发展提供有效指导与借鉴。

第三节 研究思路与研究方法

研究思路是研究开展的蓝图，研究方法是研究得以顺利进行的工具。一个成功的研究，需要在研究初期围绕研究问题对研究的理论基础、研究对象的选择、研究方法的选用、研究路线的确定、研究内容的选取等进行细致、全面的论证。

一、研究思路

本研究按照“理论分析—模型构建—案例研究—实证分析—对策研究”的思路展开。一是从理论上阐述高等职业教育与区域产业协同发展的背景与意义，并对这一主题中的三个核心概念进行明确界定；二是以协同理论、高等教育内外部关系规律理论作为理论基础，对高等职业教育与区域产业协同发展的内在逻辑、构成要素、互动关系进行深入剖析，在此基础上构建本研究的分析框架，即“高等职业教育与区域产业协同发展模型”；三是选取高等职业教育与区域产业协同发展的三个典型案例，并对其互动模式进行深入分析；四是以案例研究为基础，对高等职业教育与区域产业协同发展的作用样态开展实证分析，并进一步归纳高等职业教育与区域产业协同发展的内在机制；五是基于案例研究和实证分析的结果，深入挖掘高等职业教育与区域产业协同发展的现实困境，并以此为抓手提出高等职业教育与区域产业协同发展的优化路径。本研究的具体研究思路如图 1-2 所示。

二、研究方法

本研究的主要目的是通过对不同区域高等职业教育与产业协同发展的历程、主要模式及运行特点的研究，揭示高等职业教育与区域产业协同发展的内在逻辑、构成要素与互动关系，归纳分析高等职业教育与区域产业协同发展的作用样态和内在机制，从而为新时期我国高等职业教育与区域产业协同发展提供理论指导和实践参考。为实现此目的，本研究采用以下研究方法开展。

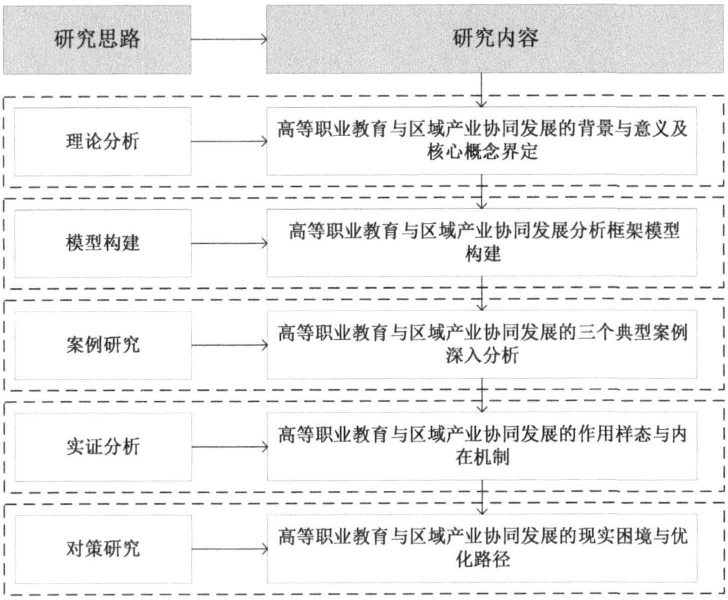

图 1-2　研究思路图

1. 文献研究法

文献研究法是本研究进行理论研究和实证分析的基础。本研究的文献来源主要包括两类：一类是已经发表的政策文件、统计数据和相关报告；另一类是国内外学者的研究著述。在本研究中，主要运用文献研究法梳理国内外有关高等职业教育与区域产业协同发展的研究现状，分析已有研究的特点和不足，为本研究的案例研究和理论分析奠定基础。

2. 案例研究法

案例研究法是系统全面收集与案例相关的资料，通过细致深入的剖析，揭示并探讨某一现象或问题在当前现实情境中的表现情况。本研究的核心在于全面深入揭示高等职业教育与区域产业协同发展的作用机制，因此根据区域的划分选取了三个典型性案例。第一个案例是高等职业教育与区域产业协同发展的产教城互动模式，以天津市为代表；第二、三个案例是高等职业教育与区域产业协同发展的省域内城市群互动模式，以珠三角城市群和苏锡常都市圈为代表。通过深入分析三个案例中高等职业教育与区域产业协同发展的历程、模式和特征，揭示我国不同区域高等职业教育与产业协同发展的一般作用样态和内在机制。

3. 量化研究法——耦合协调模型

耦合是来源于物理学的概念，主要指两个或两个以上的电路元件或电网络的输入与输出之间存在相互影响和紧密配合的关系，并通过相互作用从一侧向另一侧传递能量。从本质上讲，耦合是两个或两个以上的实体相互依赖彼此的度量。耦合作为术语，在自然科学领域(软件工程、通信工程、机械工程等)得到了广泛的应用。近些年，耦合的概念也逐渐向社会科学领域延伸。对应本研究所涉及的职业教育领域，其表示与职业教育系统相关的不同系统(要素)之间的相互联动程度。

耦合度是描述系统或要素相互影响的程度。从协同学的角度看，耦合作用及其协调程度决定了系统在达到临界值时走向何种结构与序，即决定了系统从无序走向有序的趋势。系统在相变点处的内部变量可分为快、慢弛豫变量两类，慢弛豫变量是决定系统相变的特征与规律，耦合度正是反映这种协调作用的度量。

耦合模型的相关函数有功效函数、耦合度函数、耦合匹配度函数。

(1)功效函数

设 U_1 为职业教育子系统序参量，U_2 为产业子系统序参量，u_{ij}($i=1$，2；$j=1$，2，…，m)为职业教育子系统与产业子系统内部的基础观测指标，定义 $U_i=\sum_{j=1}^{m}\lambda_{ij}u_{ij}$ 为众多观测指标组成的两个子系统的外在发展功效，其中 λ_{ij} 为各指标的权重，有 $\sum_{j=1}^{m}\lambda_{ij}=1$。

(2)耦合度函数

根据 n 维系统相互作用的耦合度模型为：

$$C_n=n\sqrt[n]{\frac{U_1U_2\cdots U_n}{\Pi(U_i+U_j)}}$$

经过降维处理后得到专业系统和产业系统之间的二维耦合度函数为：

$$C_2=2\sqrt{\frac{U_1U_2}{(U_1+U_2)(U_2+U_1)}}$$

式中，C 为专业系统与产业系统之间的耦合度，介于0和1之间。当 C 趋于0时，表示专业系统与产业系统所组成的耦合系统处于耦合失谐状态，即专业系统未能很好地促进产业系统的发展；当 C 趋于1时，表示专业系统与产业系统所组成的耦合系统处于有效耦合状态，即专业系统高效优质地促进了产业系统的发展。

(3)耦合匹配度函数

耦合度函数可以计算出由专业系统和产业系统组成的耦合系统的耦合强度，但很难完全反映采样样本的真实状态，无法匹配 U_1 和 U_2 之间的实际意义。为此，还需要构架耦合匹配度函数，用这个“纳含定性的定量”模型来有效匹配专业系统演化与区域经济增长所组成的耦合系统的实际特征。耦合匹配度函数的表达式为：

$$D=(CT)^k$$
$$T=aU_1+bU_2$$

D 为耦合匹配度；C 为专业系统与产业系统之间的耦合度；T 为专业系统与产业系统之间的匹配调和指数，它反映了专业系统与产业系统之间的匹配效应或协同贡献；k、a、b 为待定的系数，通常情况下，k 值取0.5，考虑到本研究主要关注专业系统对产业系统的贡献，可以将 a 赋值0.6、将 b 赋值0.4。具体的耦合情况可以根据相关标准进行判别。将专业系统与产业系统组成的耦合系统按照耦合度的高低划分为 3 个大类和 10 个亚类，还可以根据 U_1 和 U_2 的关系，将协调类型划分为专业系统滞后型、同步型与产业系统滞后型等。

本研究的技术路线图如图 1-3 所示。

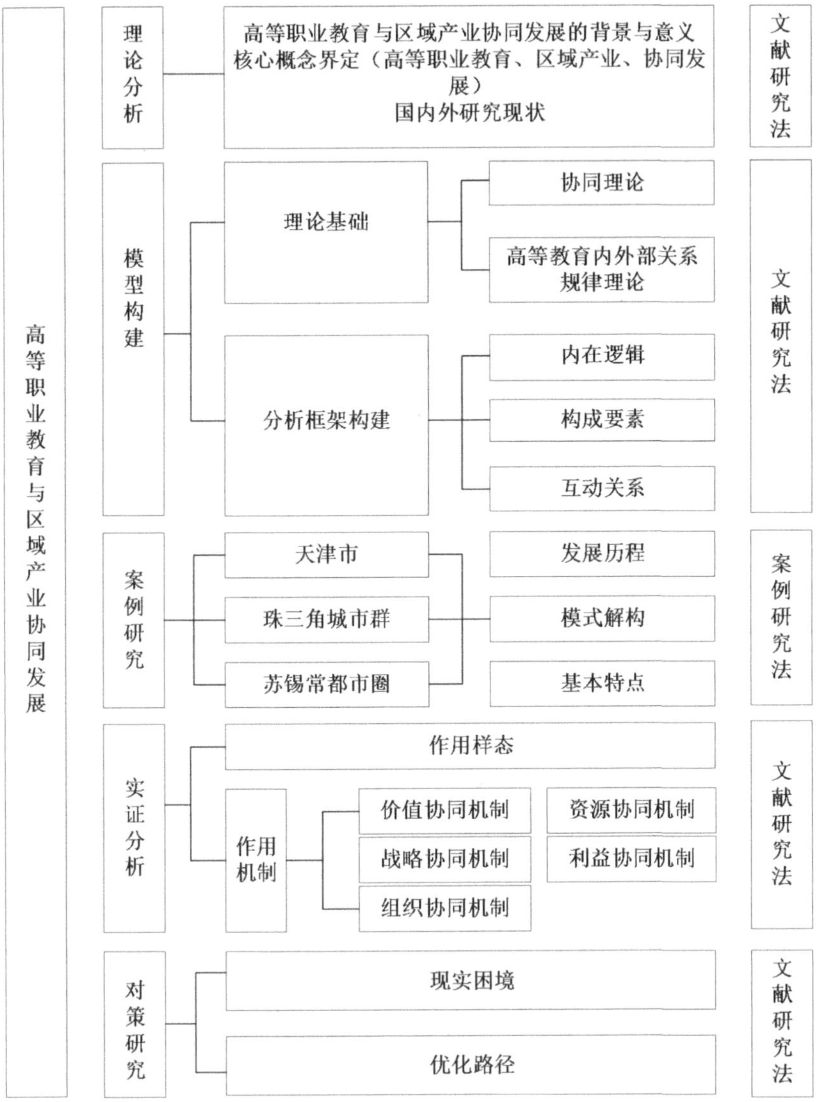

图 1-3　技术路线图

第二章

高等职业教育与区域产业协同发展的理论基础和分析框架

高等职业教育与区域产业协同发展的过程是涉及多要素相互作用的复杂性系统工程，职业教育的跨界性决定了高等职业教育与区域产业协同发展过程的动态多元特性。高等职业教育与区域产业协同发展过程涉及多元主体、多维度的错综复杂的互动关系，并且在二者的协调互动中体现出有规律可循的内在逻辑。本章将从高等职业教育与区域产业协同发展的理论基础、内在逻辑、构成要素、互动关系等方面建构高等职业教育与区域产业协同发展的分析框架。

第一节　高等职业教育与区域产业协同发展的理论基础

本研究以协同理论和高等教育内外部关系规律理论作为理论基础，分析其核心观点及对本研究的启发意义，为构建高等职业教育与区域产业协同发展的理论模型奠定基础。

一、协同理论

协同理论是由哈肯创立的系统科学理论的一个分支。哈肯认为，协同理论试图揭示系统在外部参量的驱动以及内部各子系统的相互作用下，通过自组织的方式在宏观层面上形成时间、空间或功能有序结构的条件和特点，以及由无序向有序演变的规律，从而促使系统产生协同效应。① 协同理论的内涵主要包含两方面，第一个

---

① 张玉臣：《长三角区域协同创新研究》，3 页，北京，化学工业出版社，2009。

方面是系统内部的各种要素或者子系统之间形成的相互影响，第二个方面是混乱无序的个体在转变为有序的过程中会产生新的个体。协同理论作为事物发展的一般规律，其应用范围覆盖了自然科学及人文社会科学领域的所有内容。①

协同理论的核心主要表现为三个重要概念。第一个是序参量。系统内部的各个子系统一方面在不断进行着自发独立的无规则运动，另一方面又受到其他子系统的作用影响。正是由于各个子系统之间的相互作用，产生了系统的协同运动。在系统运动过程中存在许多控制参量，大致可以分为“快变量”和“慢变量”两类，其中“慢变量”处于主导地位。随着控制参量不断发展变化，系统逐渐靠近“临界点”，因而各个子系统之间的关联性也随之逐渐增强。当控制参量达到阈值时，这些关联性将发挥决定性的主导作用，因而在系统中形成了各子系统之间的协同作用。所谓序参量，是系统发生质变的最突出标志，是所有子系统开展协同运动的共同贡献。第二个是信息熵。信息熵是一个代表某种特定的信息可能出现概率的数学概念。在协同理论中，信息熵是衡量系统有序程度的一个标准，二者之间呈现一种负相关的关系。即系统越有序，信息熵就越低；系统越混乱，信息熵就越高。② 第三个是涨落。涨落是指当某个物质系统处于平衡态时，各类相关的重要参量的统计平均值在其真实值附近存在微小动态变化的现象。其通常来说很小，但在某些特定的现象中，这些微小的变动仍可能对系统的变化产生重要影响。③

除了上述三个重要概念，协同理论主要还包含三方面内容。第一，协同效应。协同效应是协同作用的结果体现，实质上是指在复杂的开放系统中各个子系统之间相互作用而形成的集体效应。任何一个复杂系统，无论是自然系统还是社会系统，在外部能量的作用下或物质的聚集态达到某种阈值时，系统内部的各个子系统之间就会产生协同作用，进而引发协同效应，促使系统从原有的无序状态转变为稳定的有序状态。第二，伺服原理。伺服原理的本质其实就是“序参量能够支配子系统的行为”。如前文中对序参量的阐释，当系统靠近临界点时，系统的发展变化和未来态势通常取决于少数几个序参量，系统内部其他变量的行为同样也由这些序参量决定。④ 由此可见，序参量是把握整个系统发展方向并主导其演进变化的决定性变量。第三，自组织原理。自组织与他组织相对，其显著特点表现为内在性和自生性，是指当系统没有在外部条件的作用下，内部各个子系统之间能够按照某种特定统一的规则自动构建一定的结构或功能。⑤ 而当系统在外部的能量、信息、资源等

---

① 朱合猛：《京津冀协同发展背景下河北省高等职业教育发展研究》，硕士学位论文，河北大学，2015。

② 张豪：《大学—产业合作组织协同创新研究》，博士学位论文，哈尔滨工业大学，2016。

③ 王耀华：《高等职业教育与区域产业协同发展研究——以秦皇岛市为例》，硕士学位论文，河北科技师范学院，2012。

④ 曹青林：《协同创新与高水平大学建设》，博士学位论文，华中师范大学，2014。

⑤ 陈劲、阳银娟：《协同创新的理论基础与内涵》，载《科学学研究》，2012(2)。

条件的作用下，内部各个子系统之间的自组织性依然存在，在此基础上，它们还会通过相互作用产生协同效应，促使组织形成新的结构或功能。

在高等职业教育与区域产业协同发展的过程中，高等职业院校与区域产业、政府部门等各类“社会系统”开展“能量、信息、资源交换”，利用“外部控制参量”如政府政策变化、产业结构调整及发展需求等条件，促使涨落由微小逐渐扩散，引发系统内部结构的“相变”。其中的“序参量”可以表述为高等职业教育体系与区域产业结构、当地社会需求融合度的数量级变化，实现“生态、经济、科技、教育、社会各个环节的大协调”。① 由此可见，运用协同理论分析高等职业教育与区域产业协同发展具有较强的适切性。

二、高等教育内外部关系规律理论

教育规律是教育研究的永恒核心。教育的内外部关系规律理论由潘懋元先生于20世纪80年代初提出，对我国教育学尤其是高等教育学的发展起到了重要的推动作用。教育的内外部关系规律理论主要包括三方面。首先，教育的内部关系规律是指教育内部各个子系统及要素之间关系的相互作用规律；其次，教育的外部关系规律是指教育与社会之间关系的相互作用规律，即教育的发展受到政治、经济、文化、科技等因素的制约，与此同时，教育反过来又为政治、经济、文化、科技等的发展提供服务与支持；最后，也是最容易被忽视的一个方面，是教育的内部关系规律与教育的外部关系规律之间的相互作用规律，具体表现为教育的内部关系规律的运行要受到教育的外部关系规律的制约，而教育的外部关系规律要通过教育的内部关系规律起作用。②

高等教育作为教育系统的重要组成部分，其发展也受到教育的内外部关系规律的影响。一方面，高等教育的生存和发展紧密依赖于其所处的社会环境，社会能为高等教育发展提供所需的各类资源；另一方面，高等教育在各种社会资源的支持下，通过发挥人才培养、科学研究、社会服务三大职能，为经济社会的蓬勃发展提供必要的人才、知识、技术等支持。高等教育的内外部关系规律理论，体现了高等教育组织与其所处的外部社会环境之间相互影响、彼此制约的关系。我们要一方面充分考虑个体发展的基本规律，遵循高等教育的内部关系规律；另一方面也要致力于结合经济社会的多元发展需求，做到不断调整、完善、改进现有的专业结构，大力优化学校育人环境，从而更好地为社会发展培养其所需的优秀人才。

高等职业教育是高等教育系统的重要组成部分，我国完整意义上的高等职业教育是在20世纪80年代后出现的。在一系列国家政策、法规的支持下，我国高等职业教育获得了快速发展。例如，“三改一补”发展方针的提出、职业教育法和高等教

---

① 王耀华：《高等职业教育与区域产业协同发展研究——以秦皇岛市为例》，硕士学位论文，河北科技师范学院，2012。

② 潘懋元：《教育的基本规律及其相互关系》，载《高等教育研究》，1988(3)。

育法等法律的颁布，都促使我国高等职业教育在21世纪初实现了历史性的跨越式发展。当下的高等职业教育已经从规模扩张逐步向以质量提升为核心的内涵式发展转变，中国特色的高等职业教育体系正在形成。本研究所关注的高等职业教育是狭义层面的中学教育后的学校高等职业教育，其主要目标是培养高素质技术技能型人才。高等职业教育也应在其发展过程中遵循高等教育的内外部关系规律：一方面顺应高等教育的内部关系规律，加强自身的内涵建设，通过专业结构调整和专业群建设、课程体系优化、教学内容和教学方法改革、师资队伍建设等，培养适应区域产业发展需求的人才；另一方面顺应高等教育的外部关系规律，加强自身与区域社会中其他各个子系统之间的协调发展和密切合作，特别是在政府的有效引导下，深化产教融合和产学合作，与政府、产业建立良性互动，形成高职院校、政府、企业三螺旋协同互动机制，促进高等职业教育与区域社会的共同发展。因此，运用高等教育内外部关系规律理论分析和阐释高等职业教育与区域产业协同发展这一研究主题，对于深化高等职业教育内涵建设、促进高等职业教育专业结构与区域产业结构之间协调发展，具有重要的理论指导意义。

第二节　高等职业教育与区域产业协同发展的分析框架

高等职业教育与区域产业协同发展最重要的是要深化产教融合。为此，国家出台了一系列政策文件，这些政策文件成为新时代深化职业教育产教融合的行动指南。其中，《国家产教融合建设试点实施方案》对促进教育链、人才链与产业链有机衔接，进一步深化产教融合做出了具体部署，并从“产教融合型城市、产教融合型行业、产教融合型企业”等层面推进产教融合。

职业教育只有在服务区域经济社会发展中才能获得可持续的发展动力与活力。从空间层面来看，职业教育带有鲜明的区域性特征，职业教育产教融合也只有在区域中才能具体实现。在央地联动、地方为主的管理体制下，职业教育产教融合的深化首先需要建立省域层面的产教命运共同体，积极促进同区域各级各类院校之间的广泛协同互动，进一步优化同区域各级各类院校的联动协同机制，着力打造以专业为载体的校际交往联动主链条。在产教深度融合的基础上，精准对接区域产业经济的现实诉求，打造不同层面产教融合的典型模式。各职业院校要根据所在区域的产业结构和特色优势产业，按照“人无我有、人有我优”的原则，因地制宜，通过完善自身的特色优势专业(群)，为行业、企业等不同主体参与职业教育的教育教学过程提供实践载体，有效提升现代职业教育的整体适应力，形成休戚与共的产教命运共同体。

在省域协同的基础上，职业教育产教融合的深化在空间层面也要进一步促进城市群协同、东西协同、城乡联动，推动不同区域之间优势互补，进而实现不同区域错位发展与良性互动，以深化更大范围的产教融合，促进更高质量的区域发展。随着我国经济社会的不断发展，城市群的出现成为我国区域经济发展的重要特点之一。京津冀城市群、长三角城市群、珠三角城市群、关中平原城市群、中原城市群、成渝城市群、长株潭城市群、长江中游城市群、海峡西岸城市群、辽中南城市群、山东半岛城市群等，为区域间的协同发展奠定了重要基础。在此背景下，促进了城市群层面的产教有机融合，助推了职业教育产教命运共同体的形成。深化职业教育产教融合，需要进一步清除各类政策壁垒，促进知识、技术、人才等创新要素在不同区域间充分流动，实现更大范围的东西协同和城乡联动。与此同时，职业教育产教命运共同体的打造还需要在做好现有融合模式的基础上进行革新，根据产业链需求的变化、区域发展现实的要求进行变革，不断创新不同层面产教融合的具体模式，培育宏观有序、微观合理、运转高效的区域产教融合生态，促进职业教育高质量发展。

一、高等职业教育与区域产业协同发展的构成要素

高等职业教育与区域产业协同发展的构成要素也是职业教育产教融合的核心节点。在职业教育产教融合这一系统性复杂工程推进的过程中存在诸多核心节点，这些核心节点是构筑产教融合关系线、合作面、共同体的基本依据。

(一)院校端构成要素：科学发展类型多样、特色鲜明的各级各类院校

高等职业院校是推动职业教育改革的核心单元，不同类型、不同层次的职业院校是职业教育产教融合深化过程中教育端的核心节点。2022 年 3 月 1 日发布的《2021 年全国教育事业统计主要结果》显示，全国共有各级各类学校 52.93 万所，各级各类职业学校达 1.13 万所，在校生超过 3000 万人，已形成世界上规模最大的职业教育学校体系。在职业院校内，中等职业学校 7294 所，专科层次高等职业学校 1486 所，本科层次高等职业学校 32 所。高等职业院校占整个高等院校数的 50%以上。

各级各类职业院校是深化职业教育产教融合的核心节点，承担培养多元化技术技能型人才的核心使命。因此，不断促进各级各类职业院校特色发展，是深化职业教育产教融合的重要抓手。在新时代背景下，要明确不同类型、不同层次职业院校的具体定位。应通过多样化的学校分类、课程(专业)选择等途径，促进中等职业教育发展；高等职业院校要通过特色化发展①，发挥对整个职业教育的引领带动作用。在明晰时代定位的基础上，通过优化各级各类职业院校专业设置和布局，革新职业教育人才培养模式，促进职业院校教师、教材、教法改革，推进各级各类职业教育信息化转型升级，深化各级各类职业教育产教融合、校企合作，使新时代各级

① 张慧、查强：《高水平高职院校特色发展的价值意蕴与行动逻辑——中和位育思想的启示》，载《职教论坛》，2019(1)。

各类职业院校获得可持续发展，促进培育产教融合教育端核心节点。与此同时，充分发挥各级各类职业院校的骨干校、示范校的示范引领作用，不断提升职业教育产教融合核心节点“关键少数”的“高”“强”“特”，培育具有中国特色和世界水平的产教融合教育端核心节点，支撑和引领新时期职业教育的改革发展。

(二)企业端构成要素：充分调动各行各业不同规模市场主体的积极性

企业是实施职业教育中的重要办学主体，在深化职业教育产教融合过程中发挥着十分重要的作用。企业作为重要的市场主体，通常运用劳动力、资本、技术、土地、企业家才能等要素，向社会提供各类服务和商品，以实现利润最大化为目标。根据不同的标准，可以将企业划分为不同的类型：按照规模大小，可以划分为大型企业、中型企业和小型企业；按照登记注册类型，可以划分为内资企业，港、澳、台商投资企业，外商投资企业，其中内资企业又可以划分为国有企业、集体企业、股份合作企业、联营企业等。我国经济社会发展过程中存在规模庞大的各类企业，具体来看，2020 年我国规模以上工业企业总数达到 399375 个。不同类型的企业通过不同的方式参与到职业教育的具体办学过程中，在深化产教融合过程中发挥着举足轻重的作用。

企业通过发挥自身的比较优势，运用设备、管理、资本、知识、技术等各类要素，参与到各级各类职业教育的具体办学过程中，形成企业参与职业教育的多元方式。企业可以通过专业设置、课程体系和教学标准开发、教材教辅产品研发、人才培养制度制定、人员互派等多种方式，参与到职业教育的办学过程中。不同的企业在参与职业教育办学过程中的具体行为和程度是有差异的。这是由于受到企业的类型、企业的规模、企业的属性、企业的技术偏好、企业的人才开发策略以及政府政策等多维要素的影响。其中，企业个性特征方面的各要素是影响最为显著的。

具体而言，企业的规模和属性是影响企业参与职业教育的具体形式的关键性因素。① 从企业类型来看，中小型企业和劳动密集型企业参与职业教育的行为带有明显的成本偏好特征，而国有企业、资本密集型企业、技术密集型企业、合资企业和大型企业参与职业教育的行为则带有明显的技术偏好特征。因此，应根据不同类型企业参与职业教育的具体行为特征和动机制定有针对性的政策，充分调动不同类型企业参与职业教育的积极性，特别是应积极鼓励国有大中型企业等深度参与到职业教育的教育教学过程中，通过关键节点的培育，深化职业教育产教融合。

(三)行业端构成要素：压实行业主管部门和行业组织参与职业教育的责任

行业主管部门和行业组织作为参与职业教育办学的主体，在深化职业教育产教融合过程中发挥着重要的作用。行业主管部门和行业组织在相关产业具体行业的人才需求预测、人才素养要求、职业生涯发展、专业目录与各类专业标准的制定等方

---

① 潘海生、张梦云、王宁：《企业参与职业教育的动机偏好及政策效度的实证研究》，载《教育发展研究》，2017(Z1)。

面具有明显的优势，能够把握本行业前沿技术变革的特征，对行业人才的需求变化具有较强的敏感性。在我国行业主管部门和行业组织参与职业教育的办学有较长的历史，但是受20世纪末经济体制改革的影响，行业与职业教育逐步剥离①，使行业这一重要主体参与职业教育的深度弱化。随着经济社会和职业教育的发展，行业主管部门和行业组织在职业教育办学过程中的作用越来越凸显。

行业组织是同一行业和同一领域社会组织"抱团取暖"的产物，通过行业协会的自律管理和自我服务营造公平公正的社会环境，维护行业组织成员的权益。行业组织作为重要的社会团体，承担着多元的公共服务职能。学校和企业等组织由于受主客观条件的限制，在实施职业教育的过程中会存在诸多信息不对称的情况。此时，就需要行业组织在学校和企业等关键节点之间发挥"信息库"的作用，有效协调职业院校和不同类型企业的利益诉求，以实现各类资源的优化配置和技术技能型人才的培养。同时，行业组织也可以发挥监督评价和决策咨询功能。在深化职业教育产教融合的过程中，不断压实行业主管部门和行业组织参与职业教育的责任，使其深入参与职业教育人才培养的全过程，是深化职业教育产教融合的"行业"理路。

(四)政策端构成要素：逐步完善深化产教融合的政策体系

国务院教育行政部门承担着全国职业教育的宏观管理和统筹规划职责，省、自治区、直辖市人民政府负责本区域职业教育的各项工作，县级人民政府在本区域中等职业教育的多样化协调发展过程中承担具体的工作职责。各级政府通过各类政策法规引导职业教育的发展，促进职业教育产教深度融合。1985年颁布的《中共中央关于教育体制改革的决定》明确提出"高等教育的结构，要根据社会发展、经济建设和科技进步的需要进行调整和改革"；《国务院关于大力发展职业技术教育的决定》(国发〔1991〕55号)明确提出要"提倡产教结合，工学结合"；1996年颁布的《中华人民共和国职业教育法》明确提出"职业学校、职业培训机构实施职业教育应当实行产教结合"；《国务院关于大力推进职业教育改革与发展的决定》(国发〔2002〕16号)明确提出要"促进职业教育与经济建设、社会发展紧密结合"；《国务院关于大力发展职业教育的决定》(国发〔2005〕35号)提出"职业教育要与市场需求和劳动就业紧密结合，校企合作、工学结合"；《国务院关于加快发展现代职业教育的决定》(国发〔2014〕19号)提出"产教融合"并将"产教融合、特色办学"作为加快发展现代职业教育的基本原则之一。经过几十年的发展，2017年12月，《国务院办公厅关于深化产教融合的若干意见》(国发〔2017〕95号)发布。这是我国第一份专门关于深化产教融合的文件，从不同方面勾勒出了深化产教融合的"四梁八柱"。2018年，教育部等六部门印发《职业学校校企合作促进办法》，国家层面的产教融合政策体系在不断完善。与此同时，有二十多个省级行政单位也发布了各自的深化产教融合的文件。这些

① 肖凤翔、贾旻：《行业协会参与现代职业教育治理的机理、困境和思路》，载《西南大学学报(社会科学版)》，2016(4)。

政策文件促进了职业教育产教融合的不断深化，形成了产教融合的关键保障节点。

二、高等职业教育与区域产业协同发展的互动关系

高等职业教育与区域产业协同发展的互动关系，即职业教育产教融合关键节点的互动。职业院校、企业、行业和政府等不同主体，是深化职业教育产教融合的关键节点。在各核心节点培育的基础上，为了增加不同产教融合主体的良性互动和充分交流，需要将职业教育产教融合的关键节点连成线，形成不同线段交织的关系网，促进不同关键节点的有效互动。

（一）高等职业教育与区域产业协同发展要素的两两互动

①打通教育链，完善中国特色现代职业教育体系。中国特色现代职业教育体系主要由中等职业教育、专科职业教育、本科职业教育及本科以上层次职业教育相衔接的职业学校人才培养体系与职业培训体系组成。建设结构合理、定位清晰、纵向贯通的职业学校体系，打通产教融合的教育链，是深化产教融合在"教"一端连点成线的重要举措。在新的时代背景下，职业学校体系内部不同层次职业教育的发展定位是互补的，应强化中等职业教育的基础性作用、巩固专科职业教育的主体地位、稳步发展本科职业教育、适度发展本科以上层次职业教育。为受教育者提供终身学习的机会与平台，畅通一线劳动者继续学习深造的路径，打通在职人员学习—就业—再学习的通道。完善纵向贯通和横向融通的中国特色现代职业教育体系，通过打通教育链深化职业教育产教融合。①

②理顺人才链，打造类型多元的人才供给体系。职业教育产教融合的深化在个体层面最终要落实到一个个具体的劳动者，要看其获得的技术技能能否适应生产实践的需求。根据人才结构理论，社会人才可以划分为四种不同的主要类型，即学术型、工程型、技术型和技能型。四种主要人才类型又可细分为不同的子类型，如工程型人才可以细分为决策型、设计型和规划型三个子类，技术型人才可以细分为中间型、执行型和工艺型等子类，技能型人才可以细分为操作型和技艺型等子类。②现代职业教育体系中，不同层次的职业院校承担着各类社会人才培养的职能。职业教育是面向能力的实践教育，是为国家培养高素质技能型人才的基础工程。在其教育教学过程中，要面向生产实践服务一线，培养不同层次、不同规格的应用型复合型技术技能人才，为国家经济社会发展培养数以亿计的高素质劳动者。通过打造类型多样的人才供给体系理顺人才链，实现"线"层面的职业教育产教融合的不断深化。

③服务产业链，提升职业教育的外部适应性。作为面向市场的就业教育，要求职业教育为经济建设和社会发展服务。职业院校按照经济社会发展的需求，确定人才培养的规格层次、专业体系、培养方式和质量标准。学校的人才培养以学生的就

---

① 宋亚峰：《定点·连线·拓面·筑体：职业教育产教融合的深化理路》，载《职教论坛》，2022(7)。

② 徐国庆：《技术本科教育的发展问题》，载《职教论坛》，2014(36)。

业和创业引导为导向，并贯穿职业教育的全过程。《中华人民共和国国民经济和社会发展第十四个五年规划和2035年远景目标纲要》中明确提出，要“增强职业技术教育适应性”。面向市场、精准服务产业链各个环节是提升职业教育外部适应性的关键举措，也是深化职业教育产教融合的核心逻辑。

④链接创新链，强化职业教育的创新塑造能力。互联网技术的日新月异使得制造业技术迭代升级和产业结构转型升级的速度显著加快，产业链中的中高端技术制造业比重在逐步上升、中低端技术制造业比重在逐步下降。全球产业链逐步朝着智能化、数字化、平台化、多业态和生态化等方向转变，呈现出明显的去中心化特征。产业结构的转型升级使得生产实践过程中面临的问题更加错综复杂，不同的岗位群对技术技能型人才的创新能力和解决不确定性复杂问题的能力要求更高。整个经济的发展过程中，创新要素驱动愈发重要。在制造业技术迭代升级和产业结构转型升级的过程中，链接多元创新主体，通过研发创造和要素整合，形成知识经济化、技术产业化的创新链。职业教育在培养技术技能型人才、促进就业创业创新、基础原理转化为生产技术专利创新、提高制造和服务水平过程中扮演着十分重要的角色。在稳步发展本科职业教育和职业教育层次不断提高的背景下，职业教育将为我国经济社会发展培养更多面向不确定性生产环境的复合型创新型应用人才，更好地适应产业升级和岗位变迁过程中的现实诉求，深化职业教育产教融合。

(二)高等职业教育与区域产业协同发展多元要素互动协同

高等职业教育与区域产业协同发展多元要素互动协同即职业教育产教融合多元主体的协同。作为面向社会的跨界教育，要求职业教育发挥多元主体的积极性，坚持产教融合、校企合作、工学结合、知行合一，引导社会各界特别是行业、企业积极参与职业教育发展的全过程。从点到线的逻辑，打破了“各自为政”的实践困境；由线成面的逻辑，则消弭了“条块分割”的融合壁垒。通过发挥政、校、行、企等多元主体的优势，拓展多元主体“合作面”，深化职业教育产教融合。2021年4月的全国职业教育大会上，李克强总理指出“要瞄准技术变革和产业优化升级的方向，推进产教融合、校企合作，吸引更多青年接受职业技能教育，促进教育链、人才链与产业链、创新链有效衔接”。在技术变革和产业优化升级背景下，有效促进“四链”有机融合是从点到线、由线成面，实现职业教育产教融合“面”拓展的重要举措。

职业教育产教融合“面”的拓展，需要政、校、行、企等多元主体的良性互动和有效协同。在政策供给上，如何更好地统筹、协调和平衡劳动力市场、受教育者个人和社会等多元主体的核心诉求；在工作机制上，如何理顺部委统筹、央地联动、司局协同之间的关系，形成各部门协同配合，政、校、行、企职责明晰，同向发力、统筹协调的管理格局。这是新的时代背景下发展职业教育需要重点解决好的体制机制层面问题。体制机制事关职业教育内生活力和发展活力，为了理顺管理体制机制，清除职业教育产教融合的体制机制障碍，国家通过修订完善政策法律体系，以制度供给为抓手，进一步明晰了多元主体的办学职责，激发了政、校、行、企及科研院所等多元主体的活力，形成了深化职业教育产教融合的合力。

在体制机制完善，有效促进政、校、行、企充分互动的基础上，推动同区域各级各类院校之间通过五年一贯制培养、专升本、学分互认、教师交流、学生竞赛活动交流、共同开发课程与教材、共享实训基地、建立特定类型的区域联盟等具体形式进行联动交往。通过面向市场、服务产业，形成产业、行业、企业、职业、专业“五业联动”①的职业教育产教融合深化机制。确保职业教育专业与产业对接、专业课程内容与职业标准对接、教学过程与生产过程对接、学历证书与职业资格证书对接、职业教育与终身学习对接，使职业教育产教融合在深度和精度上不断延展，实现职业教育产教融合由“线”到“面”的跃升，为形成更大范围的产教融合、实现更高质量的发展奠定坚实的基础。

“坚持产教融合、校企合作，坚持工学结合、知行合一”是习近平总书记关于加快我国职业教育发展的重要指示。② 2021 年 4 月的全国职业教育大会上，习近平总书记再次作出重要批示，强调“职业教育前途广阔、大有可为，要优化职业教育类型定位，深化产教融合、校企合作，增强职业教育适应性”。深化职业教育产教融合，不断促进产业链、创新链、教育链、人才链“四链”有机衔接，是新时期职业教育人才培养质量提升和供给侧结构性改革的重要抓手。为了破解我国产业需求侧和人才培养供给侧“两张皮”的现象，以《国务院办公厅关于深化产教融合的若干意见》为起点，在《职业学校校企合作促进办法》《国家职业教育改革实施方案》《国家产教融合建设试点实施方案》《关于推动现代职业教育高质量发展的意见》等政策文件中重申了深化产教融合和校企合作的重要时代意义与具体举措。与此同时，地方层面也出台了省级和市级的深化产教融合的文件近 30 份。产教融合作为职业教育的灵魂工程，越来越受到政府政策和职业院校的重视③，并在 2022 年新修订的《中华人民共和国职业教育法》中以法律的形式予以明确。在新时代，深化职业教育产教融合、打造产教命运共同体、促进高等职业教育与区域产业协同发展是实现职业教育外部适应性提升、不断发挥高等职业教育价值的必然选择。

三、高等职业教育与区域产业协同发展的分析框架

高等职业教育与区域产业协同发展的过程是涉及多要素相互作用的复杂性系统工程，职业教育的跨界性决定了职业教育产教融合过程的复杂性。从空间维度看，这一过程涉及政、校、行、企等多元主体的相互作用，涉及资本、技术、场地、人

---

① 吕景泉：《五业联动——职业教育科学发展的新途径》，载《中国职业技术教育》，2018(10)。

② 宋亚峰：《高等职业教育产教融合政策的实践样态与优化逻辑》，载《职业技术教育》，2020(7)。

③ 潘海生、宋亚峰、王世斌：《职业教育产教融合政策框架建构与困境消解》，载《吉首大学学报(社会科学版)》，2019(4)。

才、管理等多元要素的流动，涉及产业链、创新链、教育链、人才链“四链”的动态耦合，同时也包含产教融合型城市等关键节点、产教融合型行业等核心支点、产教融合型企业等特定重点(如图 2-1 所示)。高等职业教育与区域产业协同发展的过程本质上也是职业教育产教融合不断深化的过程，在这一过程中体现出有规律可循的内在机理。从时间维度看，高等职业教育与区域产业协同发展的过程随着技术迭代升级和产业转型升级处于动态双向协同互动过程中，高等职业教育通过布局与产业相适应的专业和专业群为区域经济社会的发展提供其所需求的技术技能型人才和多元的技术服务培训，不断发挥高等职业教育对区域产业的辐射带动作用，促进二者动态协同发展。

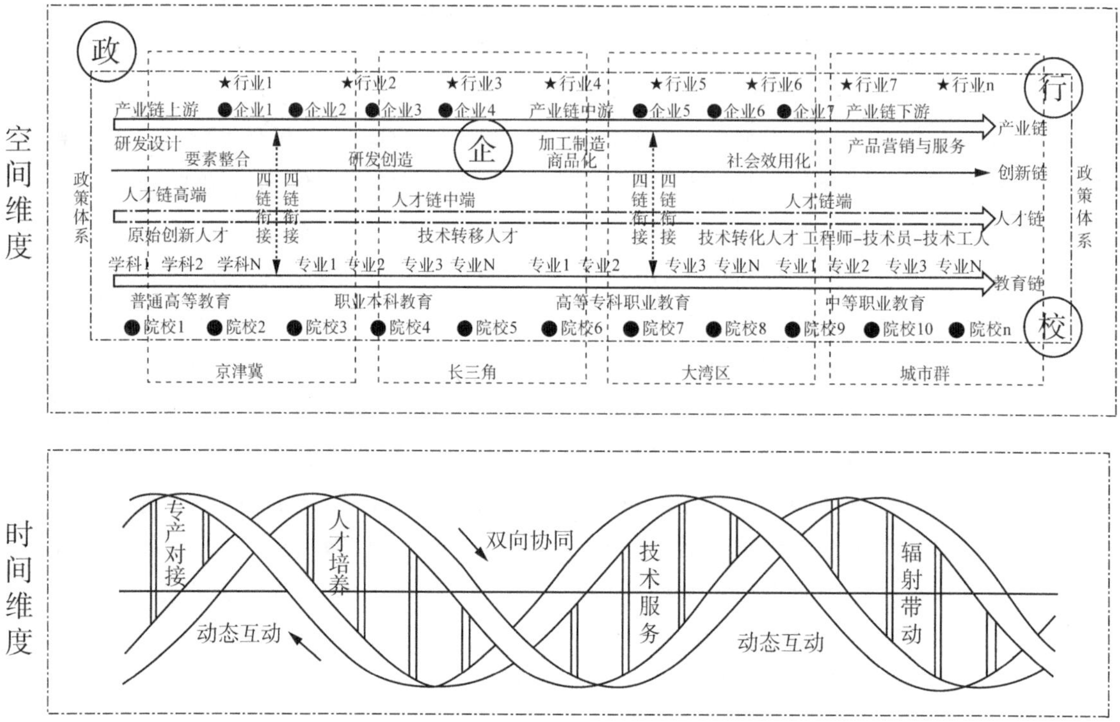

图 2-1　高等职业教育与区域产业协同发展的分析框架

第三章

高等职业教育与区域产业协同发展的产教城互动模式——以天津市为例

为了更加有效推动职业教育改革，服务区域经济转型发展，提供更多高素质技术技能型人才，从2005年开始，教育部与天津市政府联合，先后建立了职业教育改革试验区和示范区。试验区和示范区的建立密切配合了国家发展的重大战略，是探索职业教育服务区域经济发展经验的重要举措，不仅对职业教育实践的引领示范有着重要价值，而且对理论探索、完善我国现代职业教育体系有着重要价值。天津市能够成为国家级的职业教育改革试验区和示范区，主要因为天津市是我国近代工业的发源地，有着雄厚的工业基础以及深厚的职业教育历史积淀。100多年前，天津以“工学并举”的方式开创了职业教育发展的中国模式；中华人民共和国成立后，“半工半读”教育在天津率先实施，而后在全国铺开，探索和实践了职业教育发展的实施方案；改革开放后，天津职业教育产教融合的办学模式引领了全国职业教育改革。① 进入21世纪，天津市滨海新区开发开放被纳入国家发展战略布局，天津市结合区域经济发展实际和高等职业教育发展优势，逐渐形成了高等职业教育与区域产业协同发展的产教城互动模式，探索、实践了产教城协同发展，出现了众多具有代表性的案例，为其他地区的产教城协同发展及职业教育供给侧改革研究提供了实践参考。

---

① 吕景泉、杨荣敏、狄建明、耿洁：《解放思想改革创新服务发展，深化推进国家现代职业教育改革创新示范区建设》，载《天津职业院校联合学报》，2017(1)。

第一节　高等职业教育与天津市产业协同发展的历程

天津市拥有我国北方第一大港口，是我国现代工业的发源地之一，是北方重要的经济中心。中华人民共和国成立后，天津市产业发展发生了巨大变化，产业结构逐渐优化。进入21世纪以来，天津市产业发展呈现出持续、快速、稳定的发展态势，三次产业布局使产业结构更加合理，第二、第三产业增势强劲。为了服务天津产业发展需要，从2005年开始，教育部先后与天津市人民政府签订了三个五年期的职业教育政策试点协议。每一阶段的政策试点任务有所不同，但是都体现了通过区域职业教育先行先试、积累经验，服务区域经济发展、支撑国家职业教育改革的特点。这样做一方面有利于促进区域经济转型发展，另一方面有利于国家职业教育改革政策的制定和实施。

一、建立国家职业教育改革试验区，服务区域经济规模化发展阶段(2005—2010年)

2005年，天津市全市生产总值为3663.86亿元，第一产业完成增加值109.42亿元，第二产业完成增加值2050.34亿元，第三产业完成增加值1504.1亿元。三次产业对经济增长的贡献率分别为1.0%、66.5%和32.5%，三次产业结构由2000年的4.3∶50.8∶44.9变化为2005年的3∶56∶41。从这些数据中可以看出，从2000年到2005年，在三次产业结构中，第一产业产值最低，对经济增长贡献率是最低；第二产业产值最高，对经济增长贡献率是最高；第三产业产值居中，对经济增长贡献率居中。第一产业比重逐渐下降，第二产业比重持续上升，第三产业比重有所下降。从吸纳劳动力就业方面来看，2005年末天津市从事第二产业的有226万人，比“九五”期末增加了3.8万人；从事第三产业的有229.2万人，比“九五”期末增加了45.7万人。① 由此可见，第二产业和第三产业的发展为社会增加了众多工作岗位，成为吸收劳动力的重要渠道。从事第二、第三产业的劳动力增加，意味着社会对技术技能型人才的需求增加，特别是随着产业转型升级发展，越来越多的工作岗位需要接受过一定职业教育或职业培训的、掌握一定技能的劳动力。2004年，天津市11所高职院校被教育部确定为国家级制造业和现代服务业等技能型紧缺人才培养培训基地。按照教育部关于加快紧缺人才培养工作的要求，加速推进数控技术应用、计算机应用与软件技术、汽车运用与维修、护理4个专业试点的教学改

① 《2005年天津市国民经济和社会发展统计公报》，天津市统计局网站，2022-07-16。

革。以适应经济建设和社会发展为目标，按照专业设置调整原则，组织完成全市独立设置的高职院校专业调整工作。在全部 338 个三年制专业中，撤销了 12 个专业，改造调整 6 个专业，所有专业均进行了教学内容的调整和课程内容的整合。2005 年，天津市 19 所高职院校围绕主导产业，进行专业结构调整，新增铁路运输、化工技术、港口运输、房地产、工程管理、制造、语言文化、旅游、广播影视等 43 个专业。

2005 年，中国区域经济发展重心向北移动，天津市滨海新区开发开放成为国家重大发展战略，使天津经济发展迎来了新的机遇，同时也对天津市产业发展提出了新的挑战。为了更好地服务天津市产业发展，提高天津市在全国经济发展中的地位，通过职业教育促进产业发展、经济转型就成了天津市的重要选择。这一年，教育部与天津市人民政府发布了关于共建国家职业教育改革试验区的意见，使天津市成为全国第一个国家职业教育改革试验区。通过职业教育政策试点，充分发挥天津市职业教育发展优势，重点突出行业办学特色，努力将天津建设成全国技能型、应用型人才培养的重镇，为天津市"三步走"发展战略以及天津市滨海新区开发开放提供人才支持。试验区方案规定了政策试点的指导思想、重点、主要内容、保障机制等，是指导天津市职业教育与产业、城市协同发展的政策文本。这次政策试点将职业教育体制、职业教育教学模式、职业教育对外开放、就业准入制度和职工培训制度、职业教育东西合作等作为职业教育改革的主要内容。①

自 2005 年天津市与教育部共建国家职业教育改革试验区以来，实现了预期建设目标，并实施了实训基地建设等十大工程，服务了试验区的建设，也为天津市职业教育未来的平稳、快速、高质量发展打下了坚实的物质基础。同时，为天津市经济社会发展提供了职业教育的智力和技能支持，为天津市产教城协同发展打下了良好基础，也为后续建设国家职业教育改革创新示范区奠定了坚实基础。从职业教育办学体制方面来看，按照国家的政策要求，持续深化改革，组建了十多个职业教育集团，从单一办学体制走向多元化办学体制。从服务城市经济社会发展方面来看，通过项目引领将职业教育发展和经济建设相结合，与教育部共建技能型紧缺人才培养基地，与多家企事业单位建立职业教育校外实训基地。从职业教育产教融合的人才培养模式方面来看，在职业院校中建立产教融合委员会，将企业的技术技能型人才引进学校，在专业开发、课程设置、教学实施等方面共同合作。从职业教育教师培养培训方面来看，大力推动双师型队伍建设，规定职业院校专业课教师的企业实习时间，并为专业课教师评聘第二专业技术职务提供了便利条件，有利于教师专业教学能力的形成。② 正是通过职业教育政策试点，部、市共同合作建立国家职业教

---

① 《天津市人民政府 教育部关于印发国家职业教育改革试验区建设实施方案的通知》，中华人民共和国教育部网站，2022-07-16。

② 《天津市人民政府 教育部关于印发国家职业教育改革试验区建设实施方案的通知》，中华人民共和国教育部网站，2022-07-16。

育改革试验区，有力地推动了天津市职业教育改革，有效服务了天津市经济的规模化发展。

二、建立国家职业教育改革创新示范区，服务区域经济内涵式发展阶段(2010—2015年)

2010年，天津市全市生产总值为9108.83亿元。从三次产业增加值来看，第一产业增加值为149.48亿元，增长3.3%；第二产业增加值为4837.57亿元，增长20.2%；第三产业增加值为4121.78亿元，增长14.2%。三次产业结构从2005年的3∶56∶41变化为2010年的1.6∶53.1∶45.3。① 从这些数据中可以看出，从2005年到2010年，在三次产业增加值中，第一产业增加值最低，相较于2005年的109.42亿元，增加了40.06亿元，说明天津市第一产业发展空间有限。第二产业增加值最高，从2005年的2050.34亿元，增长到4837.57亿元，增长率超过了百分之百。第三产业增加值从2005年的1504.1亿元，增长到4121.78亿元，增长率也超过了百分之百。这说明从2005年到2010年这五年间，天津市第二产业和第三产业蓬勃发展，有力地带动了天津市经济社会的发展，也对天津市职业教育提出了更高的要求。经过五年期的试验区建设，天津市职业教育取得了令人瞩目的成绩，但是与天津市的经济发展要求和城市发展定位还有一定的差距，尚未完全建立起与产业结构、职业岗位对接的专业体系。从2010年开始，我国进入了全面建成小康社会的关键时期，大力发展职业教育已经成为推动经济发展的重要手段。天津市滨海新区开发开放持续推进，天津市产业结构优化升级步伐加快，更加迫切需要职业教育改革创新。因此，天津市在五年期的试验区建设的基础上，继续努力争取教育部的支持，进行国家职业教育改革创新示范区的建设，服务天津市经济内涵式发展的需要。

2010年，天津市在国家职业教育改革试验区建设取得一定成绩后，进一步得到教育部的信任和支持，双方签订了关于共建国家职业教育改革创新示范区的协议，这是继2005年之后教育部与天津市再次签订职业教育政策试点协议。创新示范区协议的签订，一方面说明天津市职业教育改革符合我国职业教育改革方向、能够为全国职业教育改革提供经验借鉴，另一方面说明天津市职业教育改革符合天津市产业发展的特点。因此天津市才会大力争取职业教育改革政策的试点机会，为职业教育改革提供优质的、持续的政策。这次政策试点将职业教育体制机制改革深化、人才培养模式创新、现代职业教育制度建设、职业教育基础能力建设、全国职业院校技能大赛提升等内容作为职业教育改革的主要内容。② 根据天津市产业发展特点，在已有职业教育集团化办学基础上，继续组建商贸旅游、港口航运、金融服务等职业教育集团，为天津市产业发展提供更多优质人才。根据天

---

① 《2005年天津市国民经济和社会发展统计公报》，天津市统计局网站，2022-07-16。

② 《国家职业教育改革创新示范区建设实施方案》，天津市政府网站，2022-07-16。

津市产业发展需求，持续引导职业院校与相关行业、企业组建战略发展联盟。加强职业教育基础设施建设，重点建设80个校内实训基地和200个校外实训基地。为进一步加快海河教育园区建设，天津市决定在园区高职院校之间进行优质教育资源共享试点。按照教委引导、园区统筹、学校实施的工作原则，采取分类建设、试点实施、逐步推进的程序，从2011—2012学年度第二学期开始资源共享一期试点工作。由天津中德职业技术学院和天津电子信息职业技术学院共建物联网应用技术专业试点；由天津海运职业学院酒店管理专业和天津现代职业学院涉外旅游专业进行相近专业共建试点；对天津轻工职业技术学院的冲压模具设计及主要零部件加工课程，天津电子信息职业技术学院的软件综合开发实训、智能电子产品分析与实践课程，天津中德职业技术学院的生产线控制技术课程进行专业核心课程进行试点。

国家职业教育改革创新示范区是在国家职业教育改革试验区的基础上结合职业教育改革的成就和经验持续深化职业教育改革的重要尝试，对天津市职业教育创新发展和引领有重要的实际意义。可以说，创新示范区的基本目标就是对试验区已达成目标的再提高，进一步促进职业教育更好地服务经济发展，提高经济贡献率，与人力资源流动方向相衔接，建设更协调、科学的高标准现代职业教育体系。创新示范区主要通过八大工程完成新一期的建设目标：①职业教育体制机制改革深化工程；②人才培养模式创新工程；③现代职业教育制度建设工程；④职业教育基础能力建设工程；⑤终身学习体系和学习型城市建设工程；⑥职业教育国际合作交流促进工程；⑦全国职业院校技能大赛提升工程；⑧天津海河教育园区建设工程。八大工程的实施有助于职业教育的创新发展，在落实国家战略、服务天津社会发展、推动职业教育制度科学发展等方面发挥了重要作用。天津职业教育在八大工程的实施中迈上了新的台阶。①

三、建立国家现代职业教育改革创新示范区，服务区域经济高质量发展阶段(2015—2020年)

2015年，天津市全市生产总值为16538亿元，三次产业结构为1.3∶46.7∶52，服务业增加值比重首次超过50%。其中，现代化农业稳步发展，2015年全年农业生产总值为467.44亿元，相较于2010年的149.48亿元，增加了300多亿元。这充分说明，随着城市化的发展，现代农业特别是城郊农业的发展使农业生产总值大大增加了。第二产业和第三产业生产总值相较于2010年有了大幅增长。从吸纳劳动力就业的角度来看，三次产业的就业结构为7.4∶35.6∶57，根据天津市2015年就业人口测算，第一产业就业人口约为66.4万人，第二产业就业人口约为319.3万人，第三产业就业人口约为511.2万人。② 从这些数据中可以看出，2010—2015年，天津市第二产业和第三产业继续保持着较强的发展势头，特别是第三产业已经

① 《国家职业教育改革创新示范区建设实施方案》，天津市政府网站，2022-07-16。

② 《2015年天津市国民经济和社会发展统计公报》，天津市统计局网站，2022-07-17。

成为天津市的主要产业，对经济发展贡献最大，吸纳社会中一半以上的劳动力就业。这充分说明产教城协同发展有力地促进了天津市经济社会发展，已经成为其不可或缺的支撑力量。在经济发展由内涵式发展向高质量发展转换的过程中，对职业教育的改革也提出了新的更高的要求。“十三五”期间，天津市持续优化产业结构，努力构建以服务业为主体、以先进制造业为支撑、以都市农业为补充的现代产业体系。这需要构建现代职业教育体系以支持天津市现代产业体系的建设，也为天津市继续争取教育部的政策支持、推动职业教育改革政策试点在天津落地提供了强大动力。

2015 年，天津市与教育部继续合作，在天津进行职业教育改革政策试点，签订了关于共建国家现代职业教育改革创新示范区的协议。天津市是全国唯一一个与教育部连续签订了三个五年期职业教育改革政策试点协议的城市，这充分说明了天津市职业教育改革在全国职业教育改革中的重要地位，也为天津市职业教育的产教城协同发展提供了持续的政策支持，有利于产教城互动的连续性和完整性。这次职业教育改革政策试点将服务国家发展战略和区域经济社会发展需求作为重要任务，在健全职业教育体制机制、创新职业教育模式、完善职业教育制度、建设现代职业教育体系方面持续深化改革，努力实现职业教育与经济社会同步规划、与产业建设同步实施、与技术进步同步升级。将现代职业教育体系建设、现代职业教育制度建设、专业群对接产业群建设、职业教育信息化建设、京津冀协同发展等内容作为职业教育改革的主要内容，突出对现代职业教育改革的引领作用，更加体现中国特色职业教育的对外开放功能。遴选优质职业教育专业，重点围绕天津优势主导产业、战略性新兴产业、现代服务业及重大项目和重点工程，对接职业院校教育专业标准和行业企业工作岗位人才需求标准，动态调整职业教育专业设置，优化天津市职业院校专业布局。

2015—2020 年，天津市根据国家现代职业教育改革创新示范区建设要求，大力推进职业教育改革，为天津市经济高质量发展提供了巨大支撑。经过五年的职业教育改革政策试点，天津市职业教育改革取得了卓越成就，主要体现在三个方面。第一，坚持市政府主导，行业企业主办的职业教育办学体制。围绕天津市城市发展定位和产业结构发展需求，专业设置全面对接产业升级需求和民生改善需求，不断完善产业、行业、企业、职业、专业“五业联动”产教融合机制，凝聚政府、行业、企业、职业院校、科研院所“五方合力”。第二，形成职业教育集团联动模式。天津充分发挥行业办学优势，先后建立了 22 个职业教育集团。第三，服务天津城市发展定位。职业教育改革政策试点围绕天津优势主导产业、高端制造业、战略性新兴产业和现代服务业转型升级和发展趋势，支持建设相关专业。截至 2017 年年底，天津市共有 26 所高等职业院校，其中 25 所为独立设置的专科层次高等职业院校，1 所为本科层次的应用技术大学。26 所高等职业院校主要为公办院校，只有 1 所民办院校。其中，3 所由市政府、区政府举办，10 所由相关行业部门举办，12 所由企业集团举办，1 所由个人举办。

通过国家职业教育改革试验区和创新示范区的建设，天津市职业教育发展取得了显著成效。一是形成了具有天津特色的政府统筹、行业主办、教育管理、企业参与的职业教育办学体制和管理机制。2005 年天津市成为全国第一个“国家职业教育改革试验区”，2010 年成为全国唯一的“国家职业教育改革创新示范区”，2015 年又升级为“国家现代职业教育改革创新示范区”。天津在搭建联盟协同建设与合作交流平台的同时，还承担着推动全国职业教育改革发展、构建现代职业教育体系、发挥示范引领作用的重任。坚持行业、企业办学为主体，已成为天津职业教育在全国独树一帜的品牌。二是由“两不变、一不减、一加强”到“两完善、一增长、一加强”，保障了天津市职业院校健康快速发展。在上一轮国有企业改革期间，天津市从经济发展需要和职业教育发展规律出发，提出了“管理体制不变、经费渠道不变、拨款额度不减、加强教育行政部门统筹管理”即“两不变、一不减、一加强”的方针政策，保持了天津市职业院校的基本稳定。“十三五”时期，天津市又提出了“完善办学体制机制、完善经费拨款渠道、保持生均经费不断增长、进一步加强教育行政部门的统筹管理”即“两完善、一增长、一加强”的方针政策，为创新示范区升级建设明确了发展方向和政策保障。三是行业、企业作为办学主体，使产教融合、校企合作、工学结合有了制度保障和实施载体。在 26 所高职院校中，由行业、企业和相关部门举办的超过 80%。这些行业、企业与其所办职业院校有着密切联系，行业、企业的发展趋势和人才需求可以在第一时间传递到学校，学校依据行业、企业要求及时调整专业布局和课程内容。许多行业、企业还将职工培训放到所办职业院校进行，使学校成为行业、企业人力资源开发中心。四是职业院校依托行业、企业建设发展，能够更加有效地服务经济转型、产业调整和技术技能型人才培养。在各类教育中，职业教育与经济社会发展的关系最密切、最直接。近些年，天津市职业院校在推动新旧动能转换、经济结构调整中发挥了重要作用，形成了与经济发展紧密结合、相互促进的良好局面。职业院校与合作企业根据技术技能型人才成长规律和工作岗位的实际需要，共同研制人才培养方案、开发课程教材、设计实施教学、组织考核评价、开展教学研究。

第二节　高等职业教育与天津市产业协同发展的模式解构

通过对天津市 2005—2020 年的职业教育改革政策试点梳理发现，天津市职业教育发展始终与城市定位相匹配，符合天津市经济社会发展对技术技能型人才培养的要求，助推了天津市城市化快速发展和产业转型升级发展。当前，天津市正在努力构建“1＋3＋4”现代工业产业体系，及时总结高等职业教育与天津市产业协同发展的产教城互动模式。分析模式的特点，能够为天津市职业教育高质量发展提供更多更好的经验。

一、高等职业教育与天津市产业协同发展的“五业联动”模式

天津市在高等职业教育与城市发展协同上进行了多种有益的尝试和探索，“五业联动”模式就是其中一个典型代表。为了更加密切地配合产教融合、校企合作，促进职业教育更加有效地对接天津市产业发展需求，2005—2020 年，天津市作为三个五年期的职业教育改革政策试点，逐渐摸索并实践了产业、行业、企业、职业、专业“五业联动”的高等职业教育产教城协同发展模式。这一模式不仅有效地服务了天津市不同阶段产业发展的需要，为产业转型发展提供了支持，也为职业院校专业设置提供了方向，更为社会职业岗位设置提供了依据。所谓“五业联动”并不是随意创造出来的新名词，而是根据天津市职业教育改革的多年经验总结和提炼出来的符合天津市职业教育产教城协同发展特点的一种模式。到目前为止，天津市职业教育产教城协同发展的“五业联动”还未形成一种理论，仍然是一种经验总结。它的形成来源于天津市产业发展需求，根植于职业教育专业对接天津市行业、企业实际需求，服务天津市经济社会发展和个人职业获得需要，最终落到职业院校的专业建设。①

在“五业联动”这一模式的不断完善下，在市政府主导和指引下，天津市先后组建了由多元利益主体参与的电子信息教学行业指导委员会、装备制造教学行业指导委员会等一批职业教育教学的行业指导委员会，充分发挥天津市行业、企业办学传统和优势，成立了一批职业教育集团。这一模式有效地推动了职业教育教学模式改革与天津市产业发展共同升级，促进了行业、企业深度参与职业教育全过程，渗透进职业教育专业设置、标准制定、人才培养、课程实施、实训教学等环节，也进一步服务天津市经济社会发展。在推动高等职业教育与天津市产业协同发展的“五业联动”模式过程中，天津市的教育行政部门和其他行政部门、行业主管部门、行业组织、企业、职业院校等主体协同参与，形成了职业教育治理的命运共同体。② 这样一种模式符合职业教育多元治理理念，能够协调与整合多元主体的利益，实现职业教育治理公共利益的最大化。当然，在任何一种职业教育治理模式或者产教城协同发展模式中，政府都是处于主导地位的。不同的是，在不同模式中，政府参与职业教育治理和城市经济发展的角色以及程度有所不同。③ 多元主体协同参与职业教育改革有效地保障了物质资源和组织资源在不同主体之间共用共享，也使得不同主

---

① 吕景泉：《五业联动——职业教育科学发展的新途径》，载《中国职业技术教育》，2018(10)。

② 王田、范蕾：《天津职教示范区与中西部地区协作发展产教融合分析研究》，载《天津教育》，2019(28)。

③ 李阳：《控制权分配与职业教育治理模式：政府职业教育治理行动的一个分析框架》，载《职业技术教育》，2021(31)。

体共同承担责任和风险，共同参与改革的全过程管理。

"五业联动"模式有效地提高了天津市产教城融合的水平和质量，对职业教育高质量发展起到了重要的推动作用。不仅创新了职业院校的管理体制，而且进一步强化了职业院校和行业、企业之间的深度合作，使其相互支持、相互帮助，共同助推职业教育向前发展。职业院校和行业、企业要充分发挥自身优势进行合作。行业、企业要利用自身熟悉市场对劳动力实际需求的优势和自身的技术技能优势参与学生的实训实习；职业院校要向学生教授理论知识，提高学生的能力水平，促进学生的社会能力、专业能力的提升。该模式为推动高等职业教育产教城协同发展提供了一条具有创新性、实践性和可操作性的路径。

二、高等职业教育与天津市产业协同发展的"双园互动"模式

天津市海河教育园区始建于 2009 年，是国家高等职业教育改革的试验区和示范区，为天津市职业教育改革发展提供了新的路径。海河教育园区通过项目建设整合优质职业教育资源，在物理空间上集中集约化办学，不同职业院校之间的教师、课程、资源可以共享。海河教育园区在政府的领导下努力创新职业教育治理体制和治理机制，赋予职业院校更多的自主权，充分激发职业院校的办学活力和积极性。① 政府将全国职业教育技能大赛的举办地点定在海河教育园区，提高了园区知名度，也提升了职业教育的国际化水平。同时，海河教育园区还通过各种政策优惠吸引了众多人才培养基地、职业教育教师培训中心、职业教育博物馆等项目的建设落地，丰富了园区的职业教育资源。②

在拥有众多职业院校和普通高校的基础上，海河教育园区大力引进行业、企业进驻园区，努力打造职业教育园区和产业园区"双园互动"模式，促进高等职业教育与天津市产业协同发展迈上更高的台阶。围绕"天津智谷"项目建设，整合天津大学、南开大学和园区内多所职业院校的优质教育资源，结合先进制造业特别是新一代信息技术、新材料、生物产业等高端产业的需求，充分利用天津大学和南开大学掌握先进技术的优势，结合职业院校相关专业的技能优势，促进天津市高端产业发展。③ 在海河教育园区打造以园区内高职院校为主体的产业园区，引进全国知名的企业特别是龙头企业在园区内建设职业教育产教融合实习实训基地。建设产教融合创新中心，联动园区内外高新技术、生物医药、智能装备等行业、企业，通过共同开发科技创新项目、共享科技创新成果等方式，发挥园区的辐射带动能力，带动园区内其他高职院校以及周边产业融合发展，引领产教融合型试点城市的园区建设。

高等职业教育与天津市产业协同发展的"双园互动"模式的利益相关者是政府、

---

① 周阳、韩祁祺：《共建共享理念下的大学城商业设施规划布局研究——以天津海河教育园区为例》，载《工程经济》，2019(10)。

② 叶庆、狄建明、李霞：《海河教育园区的规划与建设研究》，载《天津职业院校联合学报》，2011(6)。

③ 王敏：《天时地利人和俱全"天津智谷"打造津南发展新高地》，载《中国经济导报》，2006-08-07。

职业院校、企业、高等职业院校学生。政府在这种模式下获得了由职业院校专业对接产业发展带来的社会发展的经济效益、社会效益和生态效益，为天津市转型发展提供了更好的支撑。职业院校在这种模式下得到了更多的政策支持和资源支持，有利于和企业进行产教融合，也有利于学校实训基地的建设。企业在这种模式下获得了政府的政策和税收扶持，也获得了职业院校提供的技术技能型人才以及科学研究成果转化带来的效益，有效提升了企业的生产水平和生产能力。高等职业院校学生在这种模式下能够在近距离的空间内得到更多优质企业的实习实训机会，也能够接触到更多行业内领先的企业，为以后的就业打下良好的基础。①

三、高等职业教育与天津市产业协同发展的"区校互动"模式

天津市滨海新区依托区域发展特点和优势，充分利用天津市职业教育发展机遇，逐渐形成了高等职业教育与天津市产业协同发展的"区校互动"模式，为天津市其他区的职业教育与产业协同发展提供了样板。天津市滨海新区开发开放是国家发展战略，因此滨海新区的发展获得了许多政策支持和资源供给。2021 年，滨海新区在"十四五"开局之年明确了未来的发展方向，即滨海新区和天津市中心城区的"双城"发展布局，两者差异化发展，相互支撑。② 这一发展规划符合滨海新区的经济社会发展实际，也符合滨海新区在天津市整体发展中的定位。滨海新区是国家综合改革创新区，拥有优越的区位条件，已经形成了具有区域特点的现代产业体系。其中，石油化工、汽车制造、装备制造等产业已经成为滨海新区产业发展的支柱。③ 这也对滨海新区的职业教育发展提出了新的挑战。

按照天津市产业发展的规划，天津市职业教育发展计划培育和打造一批政府、产业、科研、职业院校等主体一体化的产教联盟，逐渐覆盖天津市所有重点产业链。其中，滨海新区在原有发展基础上，围绕智能制造、数字经济、新材料等产业打造产教联盟，协同开展人才培养、科研攻关和成果转化，做强一批龙头骨干企业，做优一批院校，做大一批优势产业集群。依托滨海新区已经形成的产业园区和职业院校合作的产教城协同发展模式，继续深化发展，推进职业教育园区建设和产业共同发展。推进滨海职业教育园区选址、研究、规划与建设工作，打造产教融合、产城一体的现代化职业教育示范基地。引导天津市内外高校、院所、专家、技术、成果等各类资源向滨海新区集聚，促进产学研协同创新。

高等职业教育与天津市产业协同发展的"区校互动"模式是职业教育产教城协同发展的新模式，主要是指区域产业发展以职业教育发展为支撑，职业教育发展以区

---

① 毛辉、杨菲、顾伟国：《基于产业园区的职业教育产教融合模式研究》，载《教育与职业》，2022(4)。

② 薄文广、刘佳丽、李睿佳：《国内外典型城市新城发展分析及对天津滨海新区经济发展的思考》，载《城市》，2021(10)。

③ 张楠楠、周凯、汪珊：《职业教育生态系统应用研究——以天津市滨海新区为例》，载《河北大学成人教育学院学报》，2022(3)。

域产业发展为依托，职业教育发展与经济社会发展融为一体的资源共享的一种模式。这种模式以政府的调控为主导，这是由职业教育的公益属性所决定的。在这种模式下，政府能够协调各方利益，调动各方资源，统筹职业教育发展与经济社会发展。产教城协同发展模式能够有效地从多种渠道筹集资金，保障职业教育的发展，这里既包括政府财政投入，也包括行业、企业投资和民间社会资本的进入。而且，还能够在政府主导下，引导职业院校与行业、企业等主体开展多种形式的联合办学。① 这种模式不仅利于职业教育发展，对经济社会发展也大有裨益。

第三节　高等职业教育与天津市产业协同发展的基本特点

进入 21 世纪以来，天津市职业教育在行业办学优势下继续积极探索新的发展模式，在全国职业教育发展中始终处于领先地位。在产教城协同发展方面逐渐探索出了符合职业教育发展规律和产业发展特点的具有天津特点的多种模式，其中“五业联动”模式、“双园互动”模式以及“区校互动”模式较为典型。高等职业教育与天津市产业协同发展具有以下几个方面的特点。

一、通过政策试点推动产教城协同发展

天津市作为多年的国家职业教育改革政策试点，职业教育改革取得了显著成效，在职业教育办学体制、教学模式、教师培养等方面取得了突破性进展，形成了特点鲜明的职业教育的“天津模式”，被教育部认可并在全国推广。② 目前，全国已经有多个省份建立了职业教育试验区。需要特别指出的是，全国职业院校技能大赛也是试验区建设的主要内容，经过多年的政策试点，天津市被确立为全国职业院校技能大赛的永久赛场。天津市职业教育政策试点不仅为天津职业教育发展带来了巨大的声誉，也为全国职业教育改革提供了样板和经验。同时，在天津市率先推动实施的职业教育国际知名品牌“鲁班工坊”也已经成为中国职业教育走出去的亮丽名片。

从职业教育政策试点目的来看，天津市职业教育政策试点最初属于地方政府自主改革创新。由于天津市城市转型过程中遇到经济发展困境也就是传统工业何去何从的问题，为了走出困境、寻求发展，促成了天津市职业教育政策试点的建立。天津市根据区域经济发展实际，结合职业教育发展优势，提出职业教育改革政策方

① 林勇：《“城校互动”职业教育发展模式研究》，57 页，重庆，重庆大学出版社，2008。

② 米靖：《论区域职业教育发展的实践创新与理论生成》，载《中国职业技术教育》，2020(12)。

案，并通过与教育部协调沟通，建立职业教育政策试点，取得一定成效后在全国推广。天津市职业教育政策试点的建立是教育部和天津市的共同需求，一方面教育部需要天津市提供职业教育改革的经验，另一方面天津市需要教育部的政策支持形成服务区域经济发展的现代职业教育体系。实际上，天津市职业教育政策试点的运行经历了从政策到实践到经验再到政策的复杂过程。在这一过程中，央地互动频繁，天津市承担的职业教育政策试点责任越来越大，中央层面给予天津市职业教育政策试点的支持力度也越来越大。

天津市以职业教育管理体制机制改革为核心的职业教育政策试点经历了试行、总结、推广等过程，试点的经验成为国家职业教育改革的依据。从职业教育政策试点模式的特点来看，天津市职业教育政策试点最初呈现出探索型的特点。天津市在职业教育政策试点中承担主要责任，在政策支持、法治建设、理论研究等方面发挥主要作用。教育部为天津市职业教育政策试点预留了充足的政策空间，只是在有关试验区工作的重大事项上进行指导，重点把握试验区的发展方向。在随后的国家职业教育改革创新示范区建设和国家现代职业教育改革创新示范区建设中，则呈现出授权型的特点。教育部对天津职业教育改革创新给予政策支持，允许天津先行先试，并对天津市职业教育政策试点经验进行总结和推广。天津市需要按照创新示范区建设方案的要求明确分工，制订具体的实施方案和细则，认真贯彻落实。天津市职业教育政策试点模式的特点并不是一成不变的，而是随着职业教育改革的时间变化和任务变化而改变。

天津市职业教育政策试点时间长、范围广、成效好、影响大，从 2005 年到 2020 年的十五年时间里，先后进行了三个五年期的职业教育政策试点，这在全国范围内是绝无仅有的。2021 年，《教育部 天津市人民政府关于深化产教城融合打造新时代职业教育创新发展标杆的意见》的发布，意味着未来职业教育政策试点仍会是天津市职业教育改革发展的重要内容。这样就形成了持续性的从地方职业教育政策试点到全国性职业教育改革的良性互动机制。

二、通过政府统筹服务区域经济社会发展

天津市职业教育服务城市经济社会发展，形成产教城协同发展的多种模式，每一种模式都具有自身的特点，符合职业教育的发展规律，也符合产业转型升级发展的需要。无论是“五业联动”模式，还是“双园互动”模式、“区校互动”模式，都秉持着职业教育发展服务城市经济社会发展、城市经济社会发展哺育职业教育发展的理念和目标。在天津市职业教育与产业、城市协同发展的过程中，政府始终处于核心的主导地位，统筹多元主体共同参与职业教育发展和城市经济发展建设，体现出政府在社会发展事业中的领导力。政府统筹城市经济发展和职业教育发展主要体现在以下几个方面。

一是政府统筹全市范围内的资源共享。通过政府主导，建立资源共享平台，促进行业、企业、职业院校共享多种资源，特别是在海河教育园区内逐渐实现了优质

资源的共享。这些资源有市政府以及区政府制定和出台的各种推动职业教育发展的政策资源，有政府财政投入以及招商引资带来的社会资本投资等经济资源，有政府主导建设的教育园区和产业园区以及相应配套设施的设施资源，还有天津市各类高等院校提供的科研资源。能够整合这些优质资源推动职业教育发展，得益于政府的重视和协调。

二是政府统筹城市发展和职业教育发展。为了促进天津市职业教育与经济发展的健康、高质量、可持续，市政府充分尊重行业、企业办学的主体地位，始终坚持政府主导、行业主办、教育主管、企业主体的职业教育管理体制机制不动摇。① 政府主导主要体现在市政府出台了众多职业教育政策和产业发展政策，并根据天津市主导产业的需求，绘制了天津市职业教育专业建设与产业发展的谱系图，以更加形象直观的方式向社会展现了天津市职业教育专业建设与产业发展之间的匹配度，能够更好地指导职业教育发展服务城市发展。②

三是政府统筹多元主体共同参与高等职业教育与产业协同发展。天津市高等职业院校是天津市职业教育发展的主阵地，目前天津市高职院校主要为专科层次的院校，大多数是公办学校，也有其他形式，主要包括行业、企业办学和股份合作制办学，这就使得多元主体能够通过投资参与到职业教育办学中来，为天津市高职教育发展提供更多的物质支持。同时，政府统筹行业、企业和职业院校合作办学，能够将优秀的企业师傅引进职业院校中来，既能充实职业院校的双师型队伍，也能为企业留住更多的高质量技术技能型人才。③

三、通过职业教育国际合作助力对外开放

职业教育国际合作是全球职业教育发展的一个基本趋势。我国职业教育在改革开放后开始全方位向职业教育发达国家学习，并成为推动国家职业教育改革的重要动力。随着经济社会发展水平的提高，我国已经形成世界上规模最大的职业教育，很多职业教育发展问题已经不是仅仅通过借鉴其他国家的职业教育发展经验就能够解决的。正是在这种情况下，我国积极探索符合中国国情、具有中国特色的职业教育发展模式。其中，天津市的“鲁班工坊”就是一个典型的案例。随着国家对外开放步伐的加大，习近平总书记提出的“一带一路”倡议得到世界上众多国家响应，并积极参与到“一带一路”项目建设中来。由中国投资和建设的众多重大工程在“一带一路”沿线国家落地，为沿线国家的经济社会发展以及民生改善提供了巨大帮助。在项目建设过程中，需要大批高素质、高质量、高水平的技术技能型人才，而沿线国家的职业教育难以满足这种需求。因此，中国职业教育走出去服务“一带一路”建设

---

① 曲彤、刘东岳：《以职业教育产教城融合推动城市高质量发展——天津市打造新时代职业教育发展创新标杆》，载《天津教育》，2022(13)。

② 张雯婧：《未来五年 天津教育什么样?》，载《天津日报》，2021-08-26。

③ 李大卫：《天津市国家职业教育改革实验区实训基地建设研究》，载《天津市经理学院学报》，2011(2)。

就成为一种必然要求。在这种背景下，天津市在教育部的支持下率先提出了建设“鲁班工坊”的思路并付诸实践。①

“鲁班工坊”的建设也是需要多方主体共同参与的行动，为了协调各方统筹实施，天津市专门成立了领导小组负责管理“鲁班工坊”建设事宜。同时，天津市加强顶层设计，立足本市职业教育发展实际，结合区域产业发展特点，综合城市发展定位，先后出台了一系列政策法规，并配套了若干政策工具以服务政策的贯彻执行，有效地推动了“鲁班工坊”的建设进程。

天津市教委于2019年研究出台了《天津市鲁班工坊研究与推广中心建设方案》，以天津市教育科学研究院为主体，统筹负责“鲁班工坊”建设标准与规范、质量监测与评估、教师培训与资源开发、学术研讨与交流、成果发布与推广等工作。② 同步推进“鲁班工坊”的理论研究与实践探索，以高水平的系列化科研成果与服务平台为“鲁班工坊”的高质量、可持续发展提供决策服务、监控服务与支持服务。相关成果已经结集成书，仍将持续以“鲁班工坊”发展报告等形式对外推广天津经验与成果。在教育部推动下，经过专家团队的反复论证，以天津“鲁班工坊”建设成果为依托，设计提出了“鲁班工坊”建设联盟规程与工作办法。目前已经启动全国性的“鲁班工坊”建设联盟的筹建工作，借助这一平台，天津经验将在全国范围得到推广应用。“鲁班工坊”的建设为我国职业教育走出去做了一个良好的示范，也为天津市职业教育的高质量发展提供了更加广阔的国际视野，为天津市坚持产教城协同发展的理念提供了更加坚实的基础。③

---

① 杨荣敏：《“鲁班工坊”建设的天津实践》，载《高等职业教育(天津职业大学学报)》，2020(1)。

② 吕景泉、李力：《亚洲鲁班工坊项目建设、品牌创建及推广应用研究》，载《职业教育研究》，2021(10)。

③ 王岚：《基于“鲁班工坊”提升我国参与全球职业教育治理能力研究》，载《职教论坛》，2022(3)。

第四章

高等职业教育与区域产业协同发展的省域内城市群互动模式——以珠三角城市群为例

1994年，“珠三角”这一概念被提出，其运用到研究中，常被认为是一个地理概念或经济学概念。《珠江三角洲城镇群协调发展规划(2004—2020)》中指出，珠江三角洲即珠江三角洲经济区涵盖14个市、县(区)。珠三角城市群空间结构经历了改革开放前的单中心(广州)结构、广州与澳门双中心结构以及改革开放后的广州与深圳双中心结构。进入2000年后，随着城市化进程的加快与经济的迅速发展，珠三角城市群空间结构呈现出多中心网络化结构。2017年，广东省人民政府进一步在《促进粤东西北地区振兴发展2017年重点工作任务》中提出建立“大珠三角经济区”，推动“广佛肇＋清远、云浮、韶关”“深莞惠＋汕尾、河源”“珠中江＋阳江”三个新型都市区率先开展区域一体化探索，形成多中心、网络化的珠三角城市群。

改革开放以来，珠三角地区的经济快速发展，多个城市成为全国经济发展的重点区域。珠三角地区与长三角地区、京津冀地区成为国家经济发展改革的前沿区域。在多年的发展过程中，珠三角地区经济在高速率与高质量发展中不断探索，经济结构也在不断优化，呈现以下特征：第一，产业结构呈现“三二一”的发展趋势。珠三角地区的第三产业占比逐步上升，成为其产业发展的重要支撑力。2002年，珠三角地区三次产业所占GDP的比例分别为4.9%、49.8%和45.3%。① 2021年，珠三角城市群呈现5∶4∶1的趋势，三产占比57.57%，二产占比40.73%，一产占比1.70%。② 绿色低碳产业、高端装备制造业、新一代信息技术产业、现代服务业成为当前珠三角地区发展的重要产业。第二，由内向型经济向外向型经济转变，

---

① 阮艺华：《珠江三角洲经济发展中的职业教育：经验、趋势与前瞻》，载《职教通讯》，2004(2)。

② 《2022年珠三角城市群仓储市场分析报告》，物联网云仓数字研究院，2022-09-09。

珠三角地区的经济增长方式也从外延式规模扩张向内涵式高质量发展转变。第三，在珠三角实行产业模式“双转移”战略中，劳动密集型产业向粤东西北地区转移，珠三角核心区域开始发展资金密集型、技术密集型产业。粤东西北地区的动力也向珠三角核心区域不断转移，支撑珠三角核心区域的产业优化与升级。珠三角经济结构的演变与发展对人力资源提出了新的要求。

第一节 高等职业教育与珠三角城市群产业协同发展的历程

城市群发展的关键在于在整个区域内建立层次和布局合理的产业体系。[①] 珠三角城市群在不断调整优化产业结构与发展中形成区域内合理的产业分工体系。高等职业教育作为与经济发展、产业优化关系最紧密的一种教育类型，伴随着区域产业分工体系与产业价值链的形成与发展，相互联动、相互赋能，形成一个协同发展的共同体。依据珠三角城市群的经济结构变化与高等职业教育服务区域产业发展的情况，将珠三角城市群高等职业教育与区域产业协同发展划分为以下三个阶段。

一、适应经济发展需求的规模扩张阶段(2000—2009年)

发展初期，珠三角城市群各城市经济发展水平不均衡，以重化工业发展为主。伴随着传统产业的升级，珠三角城市群内部各个城市的经济呈现高速且相对均衡的发展，其空间发展布局也从单核心向多核心、网络化发展。面对珠三角城市群的快速扩张，该区域的高等职业教育也开始了以规模扩张、就业导向、服务经济发展需求为特征的探索。

(一)重化工业发展阶段的人才规模需求

2002—2007年是广东经济增长方式高效转变的五年，广东GDP年均增长14%，高出全国同期水平3.9个百分点，对全国经济增长的拉动力显著提升。[②] 20世纪80年代，广东经济基本上以“三来一补”、轻型工业为主。2000—2007年，重工业保持了强劲的增长势头，第二产业的产业贡献率从2000年的59.7%到2007年的59%，一直是三大产业之最，工业贡献率也是在45%到65%之间波动。[③] 2007

① 刘德平：《大珠江三角洲城市群协调发展研究》，博士学位论文，华中农业大学，2006。

② 张成玉：《示范性院校分布格局与珠三角高职发展》，载《职业技术教育》，2008(1)。

③ 《广东统计年鉴2010》，广东省统计局网站，2022-10-12。

年后，珠三角地区开始了新一轮的产业发展调整期，石化、机械装备、汽车等产业成为拉动珠三角地区经济发展的新驱动力。传统产业的升级改造和新兴产业的迅速发展，对珠三角地区的劳动力结构也提出了新的要求。面对新的产业要求，珠三角地区的劳动力结构呈现的变化是：第一产业劳动者从 2008 年的 403.39 万人减少到 2009 年的 401.28 万人，第二产业劳动者从 2008 年的 1568.96 万人增加到 2009 年的 1591.49 万人，第三产业劳动者从 2008 年的 1231.91 万人增加到 2009 年的 1268.23 万人。① 高技术含量就业岗位增加，相应的高技能人才需求也在增加。

(二)就业导向的高等职业教育规模扩张

珠三角城市群加快建设了一批具有示范作用的高职院校与高职教育专业，培养了一批高素质技术技能型人才。珠三角城市群以就业为导向的高等职业教育规模扩张，满足了这一时期珠三角地区经济发展与产业发展的需求。

其一，学校数量与学生规模不断扩大。1992 年筹建的深圳职业技术学院是珠三角城市群的第一所真正意义上的高职院校。自此以后，珠三角地区出现了多所以职业技术学院命名的高职院校。在规模扩张阶段，珠三角城市群的高职院校从 2001 年的 27 所增加到 2009 年的 67 所，占高等学校总量的比重从 37.01%增加到 51.94%；高职院校在校生人数也从 6.20 万人增加到 47.74 万人(如表 5-1 所示)。规模扩张下，高等职业教育已经成为高等教育的重要组成部分，占据其半壁江山，为推进珠三角地区的高等教育发展提供了重要支持，也为珠三角地区的经济发展提供了重要的技术技能支撑。

表 5-1 规模扩张阶段珠三角城市群高职院校的发展情况

年份	高等学校数量/所	高职院校数量/所	高职院校在校生人数/万人
2001	62	27	6.20
2002	71	33	13.59
2003	77	40	14.14
2004	94	55	20.11
2005	102	61	25.59
2006	105	64	32.28
2007	109	68	41.03
2008	108	69	56.61
2009	129	67	47.74

数据来源：梳理广东省统计局 2002 年到 2010 年统计年鉴的相关数据得到。

① 《广东统计年鉴 2010》，广东省统计局网站，2022-10-12。

其二，珠三角城市群的高等职业教育依托示范校的建设快速发展。广东省内4所“国家示范性高等职业院校”全部分布在珠三角，分别是2006年度立项建设的广州番禺职业技术学院和深圳职业技术学院、2007年度立项建设的广州民航职业技术学院、2008年度立项建设的广东轻工职业技术学院。省级示范性建设职业技术学院带动全省高职高专院校加强建设，广东省政府在《广东省大力发展职业技术教育实施纲要（2006—2020年）》（粤府〔2007〕11号）中提出建成20所省级重点高等职业技术学院和建设100个省级高等职业技术教育示范性专业的目标。重点高职院校的建成与示范性专业的建设是高等职业教育与珠三角城市群产业协同发展的重要成果。

其三，珠三角城市群的高等职业教育专业建设根据区域经济结构进行设置与调整。20世纪80年代，我国开始兴办高等职业教育。20世纪90年代，珠三角城市群的高等职业教育开始快速发展，规模扩张形式的发展模式使当时珠三角城市群的大部分高职院校只能根据自身的硬件设备条件、师资队伍水平、实训基地规模等开始进行专业设置，这是高等职业教育专业建设的起步阶段。这种依据学校现有条件设置专业的模式脱离了产业发展需求，导致设置的专业不适应市场需求，培养的人才就业困难，在一定程度上存在成为普通本科的“压缩饼干”的发展趋势。2001年，教育部下发《关于做好普通高等学校本科学科专业结构调整工作的若干原则意见》，要求普通高等院校加强学科专业结构的调整。根据珠三角地区经济发展需求与产业发展要求进行专业结构调整，成为珠三角城市群的高校尤其是高职院校的专业设置与调整的重要原则。满足市场需求、产业发展需求等成为这一时期高等职业教育的专业设置依据。

其四，以就业为导向成为当时珠三角地区高等职业教育人才培养的典型特征。2001年，《广东省教育事业“十五”计划》的颁布强调了高等职业教育人才培养的针对性与适应性的重要性。2002年，《关于广东省教育结构调整优化的实施意见》的颁布强调了增强专业适应性的重要性，重视直接服务地方经济发展与适应地方劳动力市场需求的专业建设，努力培养面向基层、生产、建设和服务第一线的人才。2003年，教育部决定在全国高等学校(包括高职高专院校)中启动“高等学校教学质量和教学改革工程精品课程建设工作”，深化教育改革，以培养满足国家和地方发展需要的高素质人才为目标。这进一步促进高等职业教育形成以就业为导向、以服务为宗旨的人才培养模式，逐步在产学研结合的发展改革中培养出适应市场需求的高素质的技术技能型人才。因此高等职业教育也获得了更多行业、企业资源，涌现了“校中厂”“厂中校”等产教融合、校企合作的形式，推动了珠三角城市群高等职业教育的改革。

这一时期珠三角城市群大部分高职院校都采用以就业为导向的专业设置原则下的“订单式”培养模式，这也就形成了珠三角城市群高等职业教育与区域产业“一一对应”的典型形式。“一一对应”体现为人才培养规格与用人单位用人规格一一对应，人才就业方向与用人单位所需岗位一一对应。因此，根据市场需求设置专业，高等职业教育需满足职业岗位的需求、与产业结构相适应的双重要求，也是这一阶段珠三角城市群高等职业教育专业设置改革的重要方向。但是，高等职业教育在与区域产业的互动中仍然存在一些问题。一是珠三角城市群的高职院校的专业呈现重复、雷同以及与本科学科专业趋同的现象，缺乏职业教育与区域发展特色，未能发挥各自的优势；二是珠三角城市群的高职院校的专业门类不全，覆盖面较窄，未能满足区域产业发展需求；三是珠三角城市群的高职院校的人才培养目标定位过分强调市场需求、忽略了人的发展需求，对专业性的强调降低了人的主观能动性。①

二、高等职业教育与区域产业动态适应的内涵发展阶段(2010—2018年)

进入2010年，珠三角区域开始进行内涵式发展规划，在广东推动构建现代产业体系中实现本区域的产业结构优化升级，大力发展第三产业。面对高质量、现代化的区域产业发展需求，珠三角城市群的高等职业教育也同步开启内涵式发展道路的探索。在示范性高等职业院校与国家骨干高等职业院校等项目工程的实施中，区域内的高职院校依托体制机制的改革，形成动态适应区域产业发展需求的发展模式。

(一)现代产业体系的形成对高等职业教育发展提出新要求

《珠江三角洲地区改革发展规划纲要（2008—2020年）》中提出，“广东要构建现代产业体系，建设以现代服务业和先进制造业双轮驱动的主体产业群，形成产业结构高级化、产业发展集聚化、产业竞争力高端化的现代产业体系”②。根据广东省先进制造业重点产业“十二五”规划的发展需求，珠三角区域坚持运用信息化手段推动传统产业的优化升级，依托先进技术与手段改造提升传统制造业，促使产业链向高附加值环节延伸，建成多个高质量、高水平的研发设计中心和物流采购中心。

广东省服务业发展“十二五”规划的出台，进一步强调大力发展金融保险、现代物流、信息服务等服务业，到2015年形成100个现代服务业集聚区。2007年，《广东省大力发展职业技术教育实施纲要(2006—2020年)》颁布，提出要加快完善“政府主导、依靠企业、充分发挥行业作用、社会力量积极参与、公办与民办共同发展”的职业技术教育格局。在文件的推动下，广东省在推进经济强省、教育强省、人才强省建设的同时加快发展职业教育，珠三角城市群的高等职业教育发展模式也开始从前一阶段的外延式发展向内涵式发展转变。2014年，《国务院关于加快发展现代

---

① 王凤基：《广东高职教育发展的现状、问题与对策》，载《教育与职业》，2010(14)。

② 魏中林：《抓住机遇 迎接挑战 大力推动广东高等职业教育事业的发展——在广东省高等职业教育研究会2009年学术年会上的讲话》，载《广东技术师范学院学报》，2010(4)。

职业教育的决定》(国发〔2014〕19 号)的出台与全国职业教育工作会议的召开为高等职业教育与珠三角城市群区域产业协同发展指明了方向。在现代职业教育体系建设与广东产业转型的关键阶段中，主动适应技术进步和生产方式变革的新要求以及社会公共服务的新需要，深化体制机制改革，推进职业教育校企合作、产教融合的深入成为珠三角城市群高等职业教育创新发展的重要路径。珠三角城市群高等职业教育所培养的人才素质的提高，为广东省实现“三个定位、两个率先”总目标提供了重要支撑与保障。

(二)高等职业教育内涵式发展的体制机制改革

这一阶段，珠三角城市群整合资源、优化布局，在示范性高职院校的建设项目中开展推动高等职业教育与珠三角现代产业体系协同发展的专业体系、人才培养模式、产教融合与校企合作平台等建设。珠三角城市群的高职院校依托体制机制改革，将珠三角地区建成南方重要的职业技术教育基地。面对现代产业体系的建成，珠三角城市群高等职业教育的内涵式发展呈现以下特征。

其一，“量大面广”。依托“国家示范性高等职业院校建设计划”骨干高职院校立项建设，珠三角城市群的高等职业教育开展了学校改革与专业建设的优化项目。2010—2012 年，顺德职业技术学院、广东交通职业技术学院、广东水利电力职业技术学院、广州铁路职业技术学院、广东科学技术职业学院、中山火炬职业技术学院、深圳信息职业技术学院 7 所高职院校被确立为“国家示范性高等职业院校建设计划”骨干高职院校，覆盖佛山市、广州市、珠海市、中山市、深圳市这些较为发达的城市。这些高职院校的建设开始被纳入本地经济社会和产业发展规划之中，由政府、行业、企业多方共建共改。广东省也开始实施省级示范性高职院校的建设计划，自 2007 年提出了 20 所省级重点高等职业技术学院的建设目标后，不断推进这一建设项目。根据 2010 年《关于申报第二批广东省示范性高等职业院校建设项目的通知》(粤教高函〔2010〕54 号)的精神，广东机电职业技术学院、广东工贸职业技术学院、广东农工商职业技术学院经评审被确定为第二批省级示范性高职院校，这 3 所高职院校均在广州市；江门职业技术学院、广东食品药品职业学院、河源职业技术学院等 6 所高职院校为立项建设培育单位，涵盖了广州市、江门市、河源市、清远市 4 个城市。根据 2013 年《广东省教育厅 广东省财政厅关于申报第三批广东省示范性高等职业院校建设项目的通知》(粤教高函〔2013〕50 号)，经评审确定中山职业技术学院等 9 所高职院校为第三批省级示范性高职院校，创新高等职业教育办学体制机制。2019 年，在《高等职业教育创新发展行动计划(2015—2018 年)》的验收时期，广东省有 14 所高等职业院校被确立为优质专科高等职业院校(如表 5-2 所示)。

表 5-2　2010—2018 年珠三角城市群高等职业院校的重点建设项目

年份	建设项目	学校	所在城市	立项情况
2010	“国家示范性高等职业院校建设计划”骨干高职院校	顺德职业技术学院	佛山市	立项建设单位
2010		广东交通职业技术学院	广州市	
2011		广东水利电力职业技术学院	广州市	
2011		广州铁路职业技术学院	广州市	
2012		广东科学技术职业学院	广州市/珠海市	
2012		中山火炬职业技术学院	中山市	
2012		深圳信息职业技术学院	深圳市	
2012	第二批广东省示范性高等职业院校建设项目	广东机电职业技术学院	广州市	立项建设单位
		广东工贸职业技术学院	广州市	
		广东农工商职业技术学院	广州市	
		江门职业技术学院	江门市	立项建设培育单位
		广东食品药品职业学院	广州市	
		河源职业技术学院	河源市	
		广东外语艺术职业学院	广州市	
		广州城市职业学院	广州市	
		广东岭南职业技术学院	广州市/清远市	
2019	高等职业教育创新发展行动计划（2015—2018 年）	广东轻工职业技术学院	广州市	优质专科高等职业院校
		广东交通职业技术学院	广州市/清远市	
		中山职业技术学院	中山市	
		广东机电职业技术学院	广州市	
		广东食品药品职业学院	广州市	
		深圳职业技术学院	深圳市	
		广州铁路职业技术学院	广州市	
		深圳信息职业技术学院	深圳市	
		广州民航职业技术学院	广州市	
		广州番禺职业技术学院	广州市	
		顺德职业技术学院	佛山市	
		中山火炬职业技术学院	中山市	
		广东科学技术职业学院	广州市/珠海市	
		广东水利电力职业技术学院	广州市	

数据来源：根据教育部、财政部《关于进一步推进“国家示范性高等职业院校建设计划”实施工作的通知》（教高〔2010〕8 号）、2010 年《关于申报第二批广东省示范性高等职业院校建设项目的通知》（粤教高函〔2010〕54 号）以及 2019 年《教育部办公厅关于开展〈高等职业教育创新发展行动计划（2015—2018 年）〉项目认定的通知》（教职成厅函〔2019〕8 号）相关建设名单进行梳理得出。

其二，服务产业结构的专业结构特色渐显。根据《广东省现代职业教育体系建设规划(2015—2020年)》，广东省高等职业教育开始进一步适应本区域的经济发展方式转变和产业结构调整，形成适应广东现代产业发展需要的发展结构。2017年《国务院办公厅关于深化产教融合的若干意见》(国办发〔2017〕95号)的出台以及2018年《广东省人民政府办公厅关于深化产教融合的实施意见》(粤府办〔2018〕40号)的颁布，推动广东省以体制机制创新改革为抓手，对标国际先进水平。兼顾服务产业转型升级和学生个体发展的“广东产教融合模式”不断深化。通过职业教育联盟、产业学院、多元主体办学等形式，珠三角城市群的高职院校开始在产教融合“五个对接”的过程中探索并实施产教融合机制建设。

其三，创新体制机制，全面探索产教融合新模式。高等职业教育产教融合由关系人脉合作走向制度合作，这也是全国高等职业教育产教融合发展的重要趋势。珠三角城市群的高职院校通过创新办学模式，依托多种产教融合模式实现产教融合的体制突破，推动产教深度融合、可持续发展。

①院园融合。佛山职业技术学院、中山火炬职业技术学院分别依托佛山国家工业园区和中山市火炬高新开发区办学，学校紧密结合园区需要，大力推进专业与园区企业的深度合作，并开展针对园区的社区教育和培训等，实现了院园有机融合，使高职教育更好地服务于园区经济发展的需要。

②产权混合。区域内高等职业教育开始从合作育人向合作办学转变，随着产教融合的推进，高等职业教育的产教关系由之前的松散合作逐步走向基于产权纽带的混合所有，有力地推进了产教深度融合发展。例如，广东交通职业技术学院海事学院和深圳市泰克科技有限公司联合成立了新型研发机构“智慧港航产业研究院(广州)”，探索知识产权转移转化与科技创新资源共享机制。

③产业学院。产业聚集形成专业镇是珠三角经济的重要特点。珠三角城市群的部分专业镇经济发展较为迅速；然而对技术技能型人才以及应用科技开发的需求却难以满足。基于这一需求，中山职业技术学院创新办学体制，开创了学校与专业镇合办产业学院的模式，将专业真正办到镇上，更好地服务区域经济社会的发展需要。例如，在广东建设职业技术学院，校企共建“广建中天学院”等3个特色学院；中山火炬职业技术学院在园区遴选标杆企业，共建7个以企业冠名的产业学院。

④职教集团建设助力产教融合。2017年，广东高职院校继续深化与行业、企业的合作，拓展行校合作育人思路，以职教集团为依托，发挥行业优势，推进产教融合、校企合作。例如，广东机电职业技术学院依托广东机电职业教育集团，逐渐形成了“基于职教集团的职业院校学生预就业精准育人体系”。① 2018年，广东省立项24个省级示范性职业教育集团建设单位，参加高职院校产学合作的企业达到

① 《广东省高等职业教育质量年度报告2018》，现代高等职业技术教育网，2022-07-30。

20779家，高职院校在企业建立实习实训基地18919个。[①] 例如，广东科贸职业学院牵头成立广东农业职业教育集团，形成产、学、研、用深度融合的集团化办学格局。

⑤建立协同创新中心和协同育人基地，强化协同创新机制。珠三角地区认定了一批建立在高职院校的协同创新中心和协同育人基地，通过协同创新和协同育人强化科技服务，全程优化产教融合。依托协同创新中心和协同育人基地，实现政府、学校、企业多方资源共享，加速科技成果转化为生产力以及产业需求转化为教育资源，有效提高了人才培养质量和科技开发能力。

⑥产教合作建设行业国际先进水平实训基地。产业升级发展要求企业从设备到工艺、管理再到理念甚至商业模式等一系列的升级，开展贴近产业需求、对标国际发展水平的实习实训是超前人才培养与技术应用开发的必然路径。面对珠三角城市群的产业优化升级，建成国内一流、世界有影响力的技术技能型人才培养基地对珠三角区域发展具有重要意义。2015年，珠三角城市群部分高职院校引入国际资本与设备，助力高职院校的内涵式发展。

⑦建设产教融合型企业，推进产教深度融合。广东省鼓励企业主办和参与职业教育，仅民办高职高专院校就有27所，为全国最多。《广东省人民政府办公厅关于深化产教融合的实施意见》对产教融合型企业的认定与奖励提出了明确支持，将企业作为高等职业教育与区域产业协同发展的重要主体。珠三角城市群的企业瞄准区域新兴产业和重点产业，积极与高职院校开展合作或自己办学。[②] 例如，广东南大机器人有限公司是由广东南方职业学院参股组建的校办企业，2018年，双方合作开展现代学徒制试点，探索创建"学生→学徒→准员工→员工"四位一体的人才培养方式。

这一阶段，珠三角城市群大部分高职院校以产教融合的体制机制建设为核心，依托国家层面与省域层面的建设项目进行了区域内产教动态适应的探索，从合作办学模式、人才培养模式、国际交流模式等方面开展全面的改革，推动高职院校进入内涵式发展阶段。但是，这一阶段的高等职业教育与区域产业协同发展中仍然存在一些问题。其一，体制机制的改革较为表面，产教融合的深度问题有待商榷。出台的大多数政策都提出"鼓励"发展，但在实际层面对产教如何深度融合、职教集团与产业学院等多元主体的产权合作与激励分配的原则与方法等都未涉及。其二，高等职业教育与区域产业协同发展尚未关注到城市这一概念，因而，珠三角城市群的产教协同发展中存在空间布局与发展水平不均衡等问题，在一定程度上制约了该区域技术技能型人才培养质量的提升。

---

① 《广东省高等职业教育质量年度报告2019》，现代高等职业技术教育网，2022-07-30。

② 《广东省高等职业教育质量年度报告2019》，现代高等职业技术教育网，2022-07-30。

三、产教城协调发展阶段(2019 年至今)

当前阶段，珠三角城市群概念开始融入高等职业教育产教融合的发展历程。伴随着粤港澳大湾区规划的实施，珠三角城市群逐步实现国际一流湾区和世界级城市群框架搭建，世界先进制造业和现代服务业成为珠三角城市群产业优化升级的重要内容。作为区域产业发展与湾区建设的重要人力资源支撑，高等职业教育进入类型化教育建构阶段。这一时期的高等职业教育与区域产业协同发展呈现产教城一体化的发展趋势。依托跨区域的产教融合平台、职业教育联盟与数字化手段，区域内的高职院校开展了对科教产城融合发展的探索。

(一)粤港澳大湾区规划下对高水平高等职业教育的迫切需要

党的十九大报告指出，粤港澳大湾区开始“从区域经济合作模式上升到全方位对外开放的国家战略”①，在珠三角地区构建一个以城市群为主体、小城镇协调发展的城镇格局。《珠江三角洲地区改革发展规划纲要（2008—2020 年）》中提出，珠三角地区以先进制造业和现代服务业基地为建设目标，主要发展汽车、石化等重化工业以及高新技术产业，逐步推进区域现代产业体系的形成。在工业 4.0 的发展进程中，珠三角地区也开始逐步探索“机器换人”的生产方式。在区域产业结构调整与优化中，珠三角城市群也形成了以智能制造、电子信息、现代生产性服务、土木建筑、文化创意、现代生活性服务和医药卫生七大类专业群为主的专业结构。② 2019 年，《粤港澳大湾区发展规划纲要》指出：到 2022 年，粤港澳大湾区综合实力显著增强，基本形成国际一流湾区和世界级城市群框架；到 2035 年，湾区充分发挥典型示范作用。③ 十九届四中全会强调“支持深圳建设中国特色社会主义先行示范区”与“推动粤港澳大湾区建设”，形成区域主体功能明显、优势互补、高质量发展的“双区驱动”经济社会发展新格局。④ 当前阶段，珠三角城市群顺应国际区域分工发展规律，基于价值链的职能专业化分工模式，以产业集群为载体，在中心圈与外围圈城市开展产业共建，推动区域空间布局与产业布局的重构，助力核心区域与粤东西北外围区域产业协调发展。

2018 年和 2019 年，广东省相继颁布《广东省职业教育条例》《广东省职业教育“扩容、提质、强服务”三年行动计划(2019—2021 年)》⑤，这两个文件的出台强化

① 林海龙：《“双高计划”视域下广东高等职业教育扩容提质研究——基于服务“双区”的发展思路》，载《职业技术教育》，2020(27)。

② 林海龙：《现代化经济体系背景下珠三角城市群高职院校专业结构优化调整研究》，载《中国职业技术教育》，2018(29)。

③ 《粤港澳大湾区发展规划纲要》，中国政府网，2022-06-27。

④ 林海龙：《“双高计划”视域下广东高等职业教育扩容提质研究——基于服务“双区”的发展思路》，载《职业技术教育》，2020(27)。

⑤ 《广东省职业教育“扩容、提质、强服务”三年行动计划(2019—2021 年)》，广东省人民政府网站，2022-07-30。

了珠三角城市群高等职业教育的顶层设计和制度引领。珠三角城市群高等职业院校以“扩容、提质、强服务”为主线，完善职业教育管理体制，探索职教城建设规划。珠三角城市群以提升技术技能型人才培养质量与服务珠三角地区经济社会发展能力为目标，加强区域内行业、企业资源与职业院校资源的共建共享，改善高等职业教育的办学条件，有效满足区域内的高素质技术技能型人才供给。这一阶段，该区域建成了产教城协同发展的模式，并将其作为区域空间布局与产业布局重构的重要支撑，成为职业教育服务区域产业发展、产教深度融合的典型案例。

(二)类型化建构阶段高等职业教育与区域产业共同体建设

粤港澳大湾区一体化发展背景下，区域内高等职业教育的合理布局与资源有效配置成为推动经济发展和产业优化升级的重要动力。现代化经济体系的建设需要实体经济与人力资源的协同发展，珠三角地区现代产业体系的构建离不开高等职业教育与区域产业协同发展。面对当前珠三角地区一体化发展的趋势与现代化发展的未来目标，高等职业教育需要提高自身发展质量，明确人才培养的合理定位，不断优化专业布局、专业结构，动态适应区域产业体系需求。珠三角城市群在产教城协调发展中形成以下特色。

其一，依托“双高校”建设项目共筑产教融合平台。珠三角城市群的高职院校与行业、企业紧密合作，以示范性职业教育集团(联盟)、产业学院、产教融合基地建设为抓手，推动产教融合深度发展，支撑产业高端发展。一是加快职教集团建设，推进实体化运作，职教集团的综合服务能力显著提升。广东省共建有各类职教集团66个，覆盖先进装备制造、高端新兴电子信息、新能源、新材料、航空航天等支柱产业，其中立项建设省示范职教集团24个，2019年推荐8个职教集团参与国家示范职教集团遴选。① 二是面向区域产业协调、高水平发展需求，开展区域内高等职业教育的建设。根据2019年《教育部 财政部关于实施中国特色高水平高职学校和专业建设计划的意见》(教职成〔2019〕5号)的要求，广东省在2022年8月确定了广东省外语艺术职业学院等16所高职院校为省域高水平高等职业院校建设计划建设单位，广东松山职业技术学院等15所高职院校为省域高水平高等职业院校建设计划培育单位。其中，14所入选国家“双高计划”的高职院校被直接确定为省域高水平高等职业院校建设计划建设单位。这14所高职院校涵盖了深圳市、广州市、佛山市、珠海市、东莞市、中山市6个城市，重点发展的专业群也通过建设产业学院、产学研协同创新中心等积极对接各区域重点发展产业或优势产业，主要集中在绿色低碳产业、高端装备制造产业、新一代信息技术产业、现代服务业、生物产业等(如表5-3所示)。

---

① 《广东省高等职业教育质量年度报告2022》，现代高等职业技术教育网，2022-10-20。

表 5-3 珠三角城市群高水平高等职业教育的建设情况

建设项目	学校	专业群名称	档次	所在城市	优势产业/重点产业
中国特色高水平高职学校和专业建设计划	深圳职业技术学院	通信技术、电子信息工程技术	高水平学校(A档)	深圳市	新一代信息技术产业
	广东轻工职业技术学院	精细化工技术、产品艺术设计	高水平学校(B档)	广州市	绿色低碳产业;都市型工业
	广州番禺职业技术学院	艺术设计、珠宝首饰技术与管理		广州市	现代服务业;珠宝首饰产业
	深圳信息职业技术学院	软件技术、移动通信技术		深圳市	新一代信息技术产业;通信网络
	顺德职业技术学院	家具设计与制造、制冷与空调技术		佛山市	智能家电、家具、高端装备制造产业
	广东科学技术职业学院	软件技术	高水平专业群(B档)	广州市/珠海市	新一代信息技术产业
	广东水利电力职业技术学院	水利水电建筑工程		广州市	生产性服务业与生活性服务业
	广州铁路职业技术学院	铁道供电技术		广州市	高端临空经济产业;新一代电子信息产业
	东莞职业技术学院	电子信息工程技术	高水平专业群(C档)	东莞市	新一代信息技术产业
	广东工贸职业技术学院	测绘地理信息技术		广州市	量子通信产业;人工智能产业
	广东机电职业技术学院	数控技术		广州市	新一代信息技术产业
	广东食品药品职业学院	中药学		广州市	生物产业;生命健康产业
	广州民航职业技术学院	飞机机电设备维修		广州市	高端临空经济产业
	中山火炬职业技术学院	包装策划与设计		中山市	现代服务业

数据来源:根据《教育部 财政部关于实施中国特色高水平高职学校和专业建设计划的意见》公示名单以及《广东省 2022 年重点建设项目计划表》中珠三角地区重点发展产业梳理得出。

其二，聚焦珠三角地区产业发展布局进行人才供给侧结构性改革。一是区域内高职院校专业布点与产业吻合度高。《广东省高等职业教育质量年度报告 2022》的数据显示，区域内高职院校专业设置覆盖全省现代产业体系，62%的专业对接现代制造业、现代服务业和现代农业，开设专业覆盖率达到《职业教育专业目录(2021年)》的 77.32%。区域内高职院校专业布点属于第一产业的有 43 个，占比 1.3%，对应产业结构比重 4.3%；属于第二产业的有 1451 个，占比 43.6%，对应产业结构比重 39.2%；属于第三产业的有 1835 个，占比 55.1%，对应产业结构比重 56.5%，呈现较强的同频共振趋势。二是“数字化”助推专业升级改造。高职院校以“人工智能+”升级改造传统专业。深圳信息职业技术学院积极响应“专业建在产业、产业促进专业、专业服务行业”，组建了国内首个覆盖从上游芯片设计到下游移动业务应用全产业链的移动通信专业群，依托现代技术开展广东高职发展数据库的建设。这一数据库的建立能够实时有效地传递广东高等职业教育发展现状，及时调整与区域产业发展不适的部分，也能够与不同区域、不同院校进行优质资源共享。

其三，跨界建立产教协同的特色职教联盟。一是组建特色职教联盟。高职院校积极探索产教协同新机制、新模式，与产业、行业、企业等共建职教联盟。职教联盟以资源共享、优势互补、协同创新、合作共赢等为目的，整合“政、校、行、企、研”多方资源，搭建合作交流平台，推进产教融合、校企合作的创新发展。二是推进省级产教融合型城市试点工作。以城市为节点，以行业为支点，以企业为重点，以学校为基点，落实产教融合型城市试点、企业试点以及社会组织的发展。

其四，完善产教融合政策体系。一是广东省先后出台《广东省职业教育条例》《关于深化产教融合的实施意见》《广东省建设培育产教融合型企业工作方案》《广东省产教融合建设试点实施方案》，从项目、资金等方面完善激励政策，全面梳理校企合作税收和规费优惠政策，制定操作指引，为高等职业教育产教融合的深入提供政策保障。二是积极落实产教融合激励措施。采取投资抵扣、职业培训补贴、降低租金或返还租金、提供用地支持等措施，具体落实“金融+财政+土地+信用”组合式激励措施。

其五，高标准打造清远市的省级职业教育城，建成科教产城融合发展示范区。依托“现代学徒制”试点地区的优势，清远市开始探索国家产教融合型城市试验区，在此基础上打造高质量发展、优质资源汇聚的省级职业教育城。在省级职业教育城内汇集中职、高职、应用型本科等院校，开始职业教育领域“中高本”贯通发展的模式探索；引入优秀的龙头企业或具有领军意义的行业，开展兼具学历教育与职业培训性质的职业教育体系探索。省级职业教育城二期工程于 2021 年 8 月交付使用，再添 6 所高校进驻，新增优质高职学位约 6 万个。省级职业教育城进驻院校总数达到 16 所，入学学生约 11 万人，建有 30 个具有辐射引领作用的高水平专业化产教融合实训基地和 3 个高水平公共实训基地，初步形成辐射能力强、发展水平高、产教深度融合的职业教育改革创新发展示范区。①

---

① 《广东省高等职业教育质量年度报告 2022》，现代高等职业技术教育网，2022-10-20。

第二节　高等职业教育与珠三角城市群产业协同发展的模式解构

产教融合是职业教育改革与发展的重要路径，是提高职业教育人才培养质量的关键。教育链与产业链的深度契合与有效联动是高等职业教育高质量发展的必然之路。结合产教融合的关系线、合作面、共同体与城市群的点、面、群的发展路径，高等职业教育与珠三角城市群产业协同发展形成不同的联动模式。

一、单一城市的协同发展，依托产教融合建设职业教育高地

2021年广东省地区生产总值的相关数据显示，深圳、广州、佛山和东莞四市GDP超过万亿。其中，深圳市在珠三角城市群内GDP最高，在珠三角核心地区生产总值中占比超80%。《珠江三角洲产业布局一体化规划(2009—2020年)》指出，广州东部和中部—东莞—深圳等东岸地区共同形成珠三角地区东岸知识密集型产业带，重点发展现代服务业、战略性新兴产业和高技术产业等。深圳、广州、东莞在高等职业教育与区域产业协同发展中形成一定的特色，为珠三角地区西岸的技术密集型产业带与沿海生态环保型重化产业带提供参考。

(一)打造世界湾区职教高地——“深圳经验”

深圳市是珠三角城市群内经济发展水平高、发展速度最快的城市，并且十分重视职业教育尤其是高等职业教育对城市产业转型升级起到的重要作用。自2017年开始，深圳市先后出台了《深圳市人民政府关于加快建设现代职业教育体系的意见》《深圳经济特区职业教育条例》等文件，以夯实深圳市作为世界一流职业教育高地的顶层设计。深圳市依托优化技术技能人才培养体系、提升职业教育国际化水平、深化产教深度融合、打造高水平师资队伍等，推动中国特色、深圳特点的现代职业教育体系的建设，计划于2025年建成2～3所世界一流水平职业院校。

推动创新发展的高地建设。深圳市一方面具有良好的经济和产业结构优势，以现代服务业、新一代信息技术产业为主导优势产业，并有中兴通讯股份有限公司、腾讯科技(深圳)有限公司、方大集团股份有限公司、华为技术有限公司等龙头企业引领地区产业与高等职业教育的发展；另一方面建立了具体可实施的政策保障体系，《教育部 广东省人民政府关于推进深圳职业教育高端发展 争创世界一流的实施意见》(粤府〔2020〕63号)强调完善互通共享机制，推动区域要素流动，实现粤港澳职教联动发展，打造世界一流职业教育与湾区职教高地，清晰定位深圳市职业教育的发展方向。深圳市在鼓励多元主体积极参与职业教育实习实训，共建实体化运作的职教集团、高技能人才培训基地、数字化课程与虚拟仿真实训基地等方面出台了

各类政策。

对标高水平职业教育发展模式。一是推动深圳职业技术学院与香港职业训练局共建“粤港澳大湾区特色职业教育园区”。双方在 4 个专业开展合作办学，依托“政府出补贴、企业出场地、校企共建共享”的先行模式，促进高端产业与职业教育深度融合，累计投入资金超 4 亿元，建成职业教育产教融合实训基地 219 个。二是以德国等职业教育发达国家为参照，对标世界一流职业教育。推动深圳职业院校与世界 500 强、行业龙头企业共建特色产业学院 31 所，探索出适合我国国情的“双元”育人模式。这种深圳特色的职业教育模式因其所呈现的高水平与高质量而成为其他区域参考借鉴的模板。①

(二)打造国家产教融合型城市——“广州模式”

《广东省产教融合建设试点实施方案(征求意见稿)》指出，支持广州、深圳等市建设国家产教融合型城市，到 2025 年，分批次布局建设 15 个左右省级产教融合型城市，其中地级市 5 个左右。通过试点改革，以点带面，逐步深化，为珠三角城市群其他城市的产教融合发展提供可借鉴的制度框架与发展模式。在完善服务支撑产业重大需求的技术技能人才和创新创业人才培养体系中，广州市形成更加合理的人才结构，建立更具创新活力的人才队伍，推动职业教育人才供给与区域产业发展需求精准对接。

聚焦区域产业需求，构建特色技术技能人才培养体系。广州市聚焦“双十”产业集群、现代农业、现代服务业以及健康、养老、家政、托育等社会事业发展对人才的需求，由行业主管部门和行业组织牵头开展人才供需状况分析，对创新型领军人才、专业技术技能型人才等各类人才的需求进行科学预测，加强集成电路、生物医药、装备制造、公共卫生等领域紧缺人才培养。针对地区特色，广州市大力推进“广东技工”“粤菜师傅”“南粤家政”工程，形成具有广东特色的技术技能人才培养体系。

构建产教融合发展“一轴三区多支点”的新布局。2021 年，《广州市建设国家产教融合型城市试点方案》发布，提出将依托广深港、广珠澳科技创新走廊建设广州产教融合发展轴，形成北部、中部、南部三个产教融合集聚区，依托价值创新园区等打造产教融合发展的多支点格局，成为国内产教融合改革的重要参照“广州标杆”。文件中明确指出，“十四五”期间广州市重点推进三大类型 75 个产教融合项目，总投资 1687.08 亿元。广州市创新政策，通过财政税收、金融投资、土地要素、产业和教育等组合政策，对试点企业以及重大项目实施给予支持。②

(三)混合所有制办学打造产教融合“东莞样本”

东莞这个被誉为“世界工厂”的制造业重镇，正全力推进“技能人才之都”建设，“十四五”期间将以产教融合为主线，加快打造大湾区职业教育创新发展高地。东莞

① 《广东省高等职业教育质量年度报告 2022》，现代高等职业技术教育网，2022-10-20。

② 《广东省高等职业教育质量年度报告 2022》，现代高等职业技术教育网，2022-10-20。

市的目标包括：到 2025 年成为广东省首批产教融合型试点城市，培育 10 个职教集团，建设 50 个高水平校企合作实训基地，培育 100 家以上产教融合型企业。2021 年，《东莞市推进职业教育产教融合行动计划(2021—2025 年)》颁布，提出健全对接产业、动态调整、自我完善的专业群建设发展机制，探索校企共建共管共享共赢的生产性实训基地工厂化运营模式等，为东莞市建设"全国先进制造之都"提供人才支撑，为建成湾区职业教育产教融合新高地助力。

以混合所有制形式设立二级学院。2015 年末，为解决东莞建筑行业严重缺乏建筑施工类高技能专业人才的问题，东莞职业技术学院与东莞市建筑科学研究所等 4 家企业、单位签约合作，通过混合所有制形式设立东莞职业技术学院建筑学院。这个二级学院实行董事会领导下的院长负责制，在专业建设方面开设了建筑工程技术与建设工程管理两个专业。《东莞市教育事业发展第十四个五年规划和 2035 年远景目标纲要》提出，在"十四五"时期开始探索"高校＋新型研发机构＋专业镇＋高新企业"合作办学模式，建设一批特色产业学院，在建设高水平校企合作基地中完善多元主体常态化合作机制。

校企共建共管实验室。工业 4.0 智能制造实验室是东莞职业技术学院探索产教融合新模式的重要试点项目之一。实验室由企业和学校共同出资建设，其中企业投入 3000 万元，学校投入 1000 万元。实验室会对外承接真实订单，为学生提供实习机会，参照企业标准检验学生理论知识和实践技能。同时，结合生产企业的一线制造经验，为学校提供智能制造知识点升级，共同开发围绕智能制造的新课程。此外，进入"十四五"时期，东莞市指出双师型队伍高质量发展的重要性，提出校企共建技能大师工作室，完善职业院校教师与企业技术技能人才双向流动制度，打造一批高素质的教师教学创新团队。

二、城市与城市互动，形成产教融合的发展集聚区

珠三角城市群涵盖了多个城市，每个城市的经济发展水平不同，产业发展定位也不同。如广州市的主要产业为绿色低碳产业、生物产业、新一代信息技术产业，深圳市的主要产业为现代服务业和新一代信息技术产业，佛山市的主要产业为高端装备制造产业、现代服务业、传统产业升级工程等。不同的产业的地位形成了不同的高等职业教育与区域产业协同发展的特色，但是各区域间在新一代信息技术产业、现代服务业等主导产业或优势产业的发展上具有一定的共识。区域相邻或产业发展定位相似的城市间会进行跨区域合作，取长补短，形成一定的发展集聚区或发展联盟。

(一)建立跨区域职教联盟

围绕人才培养和技术服务，珠三角城市群的高等职业院校与企业深度合作，打造了多个职教集团、产教融合型企业等。其中，职业教育联盟成为职业教育打破地区界限、体制壁垒的重要途径，成为跨区域合作的重要载体。作为一个跨区域、跨行业、综合性强的非法人教育集团，职业教育联盟成为珠三角地区城市间开展高等职业教育

区域产业协同发展的重要载体。职教联盟以资源共享、优势互补、协同创新、合作共赢等为目的，整合“政、校、行、企、研”多方资源，搭建合作交流平台，推进产教融合、校企合作的创新发展。利用共有的重点产业作为城市间桥梁构建特色职教联盟，实现珠三角地区职业教育的均衡发展。例如，广东水利电力职业技术学院牵头发起并成立华南“一带一路”职业教育水利电力联盟。又如，生物与健康是广州与肇庆的重点产业，两个城市可以以此产业特色建立生物职教联盟，在人才培养、技术服务等方面进行深度合作，促进两个城市之间优势资源的共通共享。①

(二)建设产业主导型产教融合发展集聚区

打造三类重点集聚区。一是推进省级职业教育城三期、广州科教城、深圳西丽湖国际科教城建设，规划配套产业园区，建设教育牵引型产教融合集聚区。二是支持深港科技创新合作区、中新广州知识城、南沙庆盛科技创新产业基地、横琴粤澳合作中医药科技产业园等重大创新载体建设，健全产教融合和创新生态体系，配套教育、科研资源，建设创新驱动型产教融合集聚区。三是各地围绕当地特色产业，以大型产业园区和重点骨干企业为中心引导教育、人才等要素集聚，建设产业主导型产教融合发展集聚区。

三、多个城市联动发展，形成区域协调合作共同体

区域一体化发展是珠三角城市群的重要发展趋势，高等职业教育与区域产业协同发展开始被放置于珠三角地区的整体发展规划中，城市间的地域界限被打破，技术技能型人才、职业教育优质资源等开始在整个珠三角城市群的多个城市互通共享。城市群、高等职业教育、产业成为一个发展的共同体。

(一)多城市合力形成湾区产教融合共同体

发挥同一行政区域的优势，开展宏观层面的顶层规划与设计，建立中央、省、市三级联动的专门机构，为珠三角城市群的一体化发展与特色化发展提供指导性意见。在此设计下，多个城市协同发展，推进高等职业教育改革，适应产业链、产业群、产业生态发展的需求。

以服务粤港澳大湾区产业结构为目标，多个城市形成合力。由于各个区域发展规划、经济基础与资源优势等各不相同，粤港澳大湾区的发展规划既具有区域发展的重点与优势，也形成了合力。面对兼具特色与综合性的产业发展特征，珠三角城市群的高等职业教育发展也呈现特色化与高质量统筹发展的趋势。在粤港澳大湾区的产业布局中，形成了香港—深圳、广州—佛山、澳门—珠海强强联合的发展极点，这些都是经济发展水平较高、产业结构合理发展的区域，具有一定的辐射带动作用。而后，依托交通网络构建城市高效连接的空间布局的优势，珠三角城市群的高职院校开始对产教融合共同体进行探索。广东科学技术职业学院充分发挥毗邻澳

---

① 覃礼媛、郭正涛：《工业 4.0 背景下珠三角地区职业教育发展研究》，载《广东技术师范学院学报》，2018(2)。

门优势，紧扣“粤港澳大湾区建设”“横琴粤澳深度合作区”国家战略，创新粤澳产教融合平台，牵手澳门粤澳工商联会成立粤澳产业学院，与联会内澳门企业共建“粤澳融媒体中心”等技术服务中心，探索职业教育助力澳门经济适度多元发展模式。在产业体系上，粤港澳大湾区构建以先进制造业、战略新兴产业、现代服务业以及海洋经济为主的“四轮驱动”。面对不同的区域发展战略与发展优势，不同区域的高职院校提供不同类型或不同层次的技术技能人才，在整个区域内形成四大产业的有效供给。佛山市与东莞市都是珠三角地区制造业发展的重点区域，区域内有大量的中小企业，伴随着产业向产业链、产业集群、产业生态发展，合理的产业定位与各产业集聚效应具有重要价值。为了服务珠三角地区的先进装备制造业与高端装备制造业的发展，佛山市与东莞市在形成差异化定位发展的同时共同进行高等职业教育人才供给的规划。在粤港澳大湾区的规划中，依托特色职业教育园区，佛山市的高职院校逐步打造面向智能家电与汽车产业的专业群，东莞市的高职院校逐步打造面向现代轻工纺织产业的专业群。

(二)打造粤港澳大湾区特色产教融合模式

珠三角城市群依托粤港澳大湾区的发展开展产业集群发展下的高等职业教育专业设置与调整；围绕区域现代产业体系的构建开展职业教育园区发展模式的探索；面对粤港澳大湾区一体化发展的趋势，开始探索珠三角城市群的协同发展。多个城市的互动发展，为高等职业教育与珠三角城市群产业协同发展提供了新的发展思路。

一是湾区内高等职业院校创新产教融合，创设互联互通、高度融合的创新型产学集群。① 二是依托湾区未来产业发展趋势，在专业设置与建设、课程开发等方面与产业链紧密联系，开展灵活高效的教学活动。三是各地政府围绕产业布局特点与专业发展优势建设职业教育园区，实现行业、企业的深度参与。② 四是依托地区优势打造珠三角地区联动发展的产业学院模式，建成各具特色的产业学院，如广东科学技术职业学院与澳门共建的粤澳产业学院以及珠澳跨境电商产业学院，以项目班和创业班为载体打造珠澳校企命运共同体，创新区域高素质技术技能型人才的培养模式。五是珠三角城市群共建区域协同发展的高等职业教育集团。2022 年，广州粤港澳大湾区公共交通职业教育集团成立，为区域公共交通行业智慧化发展提供重要的人才支撑与技术服务。

(三)建设跨区域联动的产教融合服务平台

珠三角城市群运用大数据中心整合多个区域的资源，建立服务产教深度融合的跨区域联动的产教融合服务平台，推动各地开展校企协同育人的改革，校企共建实

---

① 陈先哲、陈雪芹：《多中心之下的融合创新：粤港澳大湾区高等教育集群的挑战与出路》，载《苏州大学学报(教育科学版)》，2019(2)。

② 常莉俊、何建华、辛占华：《粤港澳大湾区高等职业教育协同发展的实现路径》，载《河北职业教育》，2022(1)。

习实训、职业培训、合作办学的平台。

一是推动粤港澳资历框架对接，开展粤港澳大湾区内学校特定课程学分互认，逐步实现专科学历、职业资格、专业技术、职业技能等级互通。试点港澳职业院校与广东职业院校合作办学，颁发两地学历证书。支持港澳职业院校、高等学校来粤共建实习实训基地，吸引港澳学生来粤开展实习实训。建设一批粤港澳青年创新创业基地，举办"创青春"粤港澳大湾区青年创新创业大赛，促进港澳青年来粤就业创业。支持驻粤港澳资企业申报建设产教融合型企业，按规定享受政策支持。支持粤港澳大湾区职业教育产教联盟发展，推动粤港澳三地学校和企业积极参与产教融合工作。

二是面向粤港澳大湾区的融合发展，搭建多方联动的对接平台。珠三角城市群内建立了粤港澳大湾区职业教育产教联盟、粤港澳大湾区职业教育研究中心、粤港澳大湾区产业发展研究中心等十余个交流与合作的平台，在加强平台建设的同时，依托粤港澳大湾区职业教育产教联盟定期举办粤港澳大湾区产教联盟论坛、广东省"一带一路"职业教育联盟年度活动等，积极落实湾区内各高职院校、行业、企业的合作交流。

第三节　高等职业教育与珠三角城市群产业协同发展的基本特点

高等职业教育与珠三角城市群产业协同发展，推动了多元主体间开展深度合作，实现了资源跨区域、跨主体共建共享与协同发展。伴随着高等职业教育与珠三角城市群的合作深入，两者间的协同发展形成了深层次、广范围、宽领域、多类型的合作模式。同一行政区的地域优势为高等职业教育与珠三角城市群的跨区域合作提供了便利条件。

一、依托粤港澳大湾区建设的跨区域合作

依托粤港澳大湾区的规划建设，珠三角城市群的高职院校开展了合作办学、人才共育、优质资源共享等尝试，为区域内高等职业教育的高质量发展提供新的路径，也为技术技能型人才在区域内的流动提供条件。各区域在对特色化发展路径的探索中形成更明确的区域产业分工布局，破解产业发展雷同、人才培养相似的问题。

（一）跨区域统筹规划、合作联通

粤港澳大湾区的构建为珠三角城市群高等职业教育与区域产业协同发展提供了良好的条件。在交通便利化、产业优化布局、跨区域产业协同发展的前提下，珠三

角城市群高等职业教育开始实现跨区域的统筹发展与合作联通。依托平台建设与体制机制的构建，珠三角城市群的高职院校形成了互联互通的发展格局。

其一，围绕粤港澳大湾区的发展规划开展跨区域产教融合。依托职业教育集团、产业学院、职业教育园区、职业教育联盟等，分别在珠三角地区的单一城市、两个城市之间以及多个城市之间进行了跨区域优质资源联通互补的尝试。例如，广东科学技术职业学院与澳门共建的粤澳产业学院以及珠澳跨境电商产业学院、广州粤港澳大湾区公共交通职业教育集团、广东水利电力职业技术学院牵头的华南"一带一路"职业教育水利电力联盟等，实现了不同区域间的优势互补。

其二，依托跨区域互认机制构建育人与技术服务的跨界流动。不同区域间构建了"学历与学分互认、实习与实训互通、资源与成果共享"的深度合作关系，打通了高等职业教育在人才培养与就业、技术应用创新与服务上的地域限制。随着珠三角城市群的高职院校招收港澳学生的规模扩大，不断推动粤港澳高等专科学分、学历、学位和技能等级互通互认试点工作，推进了粤港澳资历框架对接，探索粤港澳大湾区学历教育与非学历教育学习成果认定、积累和转换。依托粤港澳大湾区旅游职业教育联盟组织，珠三角城市群的高职院校开展跨区域的师生培训工作，高职院校学生能够参加澳门职业技能认可基准(MORS)项目线上考核鉴定。

(二)根据不同的产业优势区域错位特色化发展

围绕着粤港澳大湾区的"一核一带一区"发展布局与珠江三角洲的东岸知识密集型产业带、西岸技术密集型产业带以及沿海生态环保型重化产业带，珠三角城市群高等职业教育进行了具有不同区域特色的人才培养、产教融合等方面的改革。

其一，依托产业发展布局发展特色专业群，加强区域产业与高等职业教育专业规划。根据不同城市的支柱产业和战略产业优势，各区域高等职业教育专业建设错位发展，打造不同的特色专业群。参照各区域高职院校重点发展以及优势发展的专业群可以发现：在现代服务业与新一代信息技术产业发展需求下，以广州市、深圳市为代表的珠三角核心地区的高职院校着重发展软件技术、移动通信技术等特色专业群；面对电气机械及设备制造业、高端装备制造产业等产业发展需求，以东莞市、佛山市为代表的珠三角制造型城市的高职院校着重发展家具设计与制造、制冷与空调技术、电子信息工程技术、机械制造与自动化等专业群。

其二，根据区域产业需求进行技术技能型人才供给改革。主动对接不同区域发展需求，结合高职院校自身发展水平与发展条件，明确高职院校所处的发展产业带以及产业带上的具体定位，如产品设计、加工制造、研究开发等不同需求。基于此，对应产业人才结构需求的"金字塔"效应，形成不同定位的技术技能型人才培养。伴随区域产业的变化与发展，珠三角地区的高职院校也开始了动态专业调整的机制探索，形成了各区域重点发展的专业群与人才培养模式。例如，深圳市的一流高等职业教育高地建设、广州市的产教融合型城市构建以及东莞市的混合所有制改革探索等。深圳市的人才培养更强调对标国际一流水平与标准，广州市的人才培养更多地对标粤港澳大湾区，在广深港、广珠澳的协同发展中推进技术技能型人才培养。东莞市的人才培养同样对标粤港澳大湾区，在打造全国先进制造之都过程中推进大国工匠的培育。

二、同一行政区域内的跨界融合

开放性与跨界性是高等职业教育发展的重要特征，与产业紧密联系是高等职业教育作为一种类型教育的重要构建途径。产业场域与教育场域是不同属性的两类组织场域，因此，珠三角城市群高等职业教育与区域产业协同发展必然是一个跨界的合作。而这种跨界合作在珠三角城市群会呈现为同一行政区域内跨城市的融合，从而缓解当前珠三角城市群各城市间发展不均衡的问题。

(一)形成跨区域政、校、行、企共同体建设

龙头城市牵头，开展一体化探索。都市圈的协同与高等职业教育和城市群的系统都是具体层面的协调问题。珠三角城市群的城市结构便是从单中心、双中心到多中心网络化变化发展，围绕着广州、深圳等龙头城市开展现代产业体系优化升级，高等职业教育与区域产业协同发展。依托龙头城市的强基础、优势资源等开展探索，一方面龙头城市可以发挥协调作用，另一方面其探索经验对其他城市的发展具有参考价值。珠三角城市群各地区除了与本地企业进行合作外，也会进行跨区域的合作，依托具有一定影响力的协会开展产教合作。例如，深圳职业技术学院与香港职业训练局就共建“粤港澳大湾区特色职业教育园区”已达成合作协议，制订《深圳职业技术学院与香港职业训练局联合学院申办方案》《粤港澳青年学生交流与创新发展联盟建设方案》，这是深圳市的高职院校与其他区域的政府单位进行合作的一次探索。广东科学技术职业学院牵手澳门知名爱国社团粤澳工商联会成立粤澳产业学院，与联会内澳门企业共建“粤澳融媒体中心”等技术服务中心，这是与行业、企业开展跨区域合作的尝试。珠三角城市群高等职业教育与区域产业协同发展，在政、校、行、企多方参与下实现跨区域、跨行业、跨体制的深层次合作。

(二)以长效协同机制推进产教深度融合

珠三角城市群各地政府为推动高等职业教育与区域产业协同发展，建立相应的政策保障体系，有效推进协同发展的深入。微观层面，各地区就本地发展特色发布了贯通高等职业教育与区域产业协同发展的政策文件，如《东莞市推进职业教育产教融合行动计划(2021—2025年)》《深圳市促进技能人才发展实施办法》《深圳市发展和改革委员会 深圳市教育局关于开展产教融合型企业建设培育试点的通知》等。各种政策文件的出台，为珠三角城市群各个城市推进企业深度参与、人才培养模式改革、产教融合平台建设奠定了重要基础。宏观层面，广东省政府出台了大量关于珠江三角洲和粤港澳大湾区的规划文件，为整个区域的产业发展方向提供指导，成为区域高等职业教育发展的重要参考。宏观层面与微观层面的政策相互联动，为高等职业教育与珠三角城市群区域产业协同发展提供保障。

第五章

高等职业教育与区域产业协同发展的城市群互动模式——以苏锡常都市圈为例

职业教育是与区域产业经济互动最紧密的一种教育类型，职业教育的高质量发展是支撑区域产业发展的重要保障。自 2019 年《国家职业教育改革实施方案》出台以来，从追求规模扩张转向提高质量成为新时代职业教育发展的主旋律。为推进职业教育高质量发展，从 2020 年开始，教育部与山东、江西、甘肃、江苏等省份共建职业教育创新发展高地。在众多“高地项目”中，苏锡常都市圈是第一个以城市群为依托打造职教样板的案例。因此，本章以苏锡常都市圈为例，聚焦探索高等职业教育与区域产业协同发展的城市群互动模式。

第一节　高等职业教育与苏锡常都市圈产业协同发展的历程

“十一五”规划实施以来，江苏省苏州、无锡、常州三市的高等职业教育始终先行先试，深化体制机制改革，创新人才培养模式，为区域产业发展提供高质量的技术技能型人才。根据苏州、无锡、常州三市不同时期的产业发展情况和高等职业教育的发展特色，将三市高等职业教育与区域产业协同发展历程分为如下三个阶段。

一、苏州、无锡、常州三市高等职业教育规模化发展，促进区域产业优化（2006—2010 年）

从 2006 年开始，江苏省迈入“十一五”发展的新时期。在此阶段，苏州、无锡、常州三市经济快速发展。为满足区域产业的发展需求，三市扩大高等职业教育办学规模以支持产业优化。

(一)区域“二三一”产业结构对人才数量和质量提出新需求

2010 年，江苏省全省实现生产总值 40903.3 亿元。其中，第一产业增加值 2539.6 亿元，比 2006 年多了 994.7 亿元；第二产业增加值 21753.9 亿元，比 2006 年多了 9567.44 亿元；第三产业增加值 16609.8 亿元，比 2006 年增加了 8792.8 亿元。产业结构进一步优化，三次产业增加值比例由 2006 年的 7.2∶56.5∶36.3① 调整为 2010 年的 6.2∶53.2∶40.6。先进制造业和现代服务业发展水平提升，全年实现高新技术产业产值 30354.8 亿元，增长 38.1%，占规模以上工业总产值比重达 33%；实现服务业增加值 16731.4 亿元，增长 13.0%，占 GDP 比重为 40.9%。战略性新兴产业快速增长，六大新兴产业全年销售收入达 20647 亿元，比上年增长 38.0%。② 与此同时，产业从业人员的结构和数量也发生较大的变化。2010 年，第一产业从业人员 1060.29 万人，比 2006 年减少了约 300 万人；第二产业从业人员 1996.97 万人，比 2006 年增加了约 408 万人；第三产业从业人员 1697.42 万人，比 2006 年增加了约 81.5 万人。三次产业从业人员分别占全省城乡从业人员总数的比例由 2006 年的 29.8%、34.8%、35.4%调整为 2010 年的 22.3%、42.0%、35.7%。③

具体到苏州、无锡、常州三市，2010 年苏州全市实现地区生产总值 9228.91 亿元，其中第一产业增加值 155.79 亿元，第二产业增加值 5253.81 亿元，第三产业增加值 3819.31 亿元。三次产业结构由 2006 年的 1.9∶65.4∶32.7④ 调整为 1.7∶56.9∶41.4⑤。2010 年无锡全市实现地区生产总值 5758 亿元，其中第一产业增加值 104.94 亿元，第二产业增加值 3208.79 亿元，第三产业增加值 2444.27 亿元，三次产业比例达到 1.8∶55.7∶42.5。无锡市新兴产业迅猛发展，全市物联网、新能源、新材料和新型显示、节能环保、微电子、生物技术和新医药、软件和服务外包、工业设计和文化创意产业八大战略性新兴产业实现营业收入 4103.7 亿元，比上年增长 28.2%。⑥ 2010 年常州全市实现地区生产总值 2976.7 亿元，其中一、二、三次产业分别实现增加值 99.8 亿元、1667.2 亿元、1209.7 亿元。三次产业结构由 2006 年的 3.8∶61.0∶35.2⑦ 调整为 3.4∶56.0∶40.6⑧，产业结构得到进一步优化。

整体来看，“十一五”期间江苏省的三次产业比例和苏州、无锡、常州三市的三

① 《江苏省 2006 年国民经济和社会发展统计公报》，江苏省人民政府网站，2022-11-06。

② 《2010 年江苏省国民经济和社会发展统计公报》，江苏省人民政府网站，2022-11-06。

③ 《2010 年度江苏省人力资源和社会保障事业发展状况》，江苏省人力资源和社会保障厅网站，2022-11-06。

④ 《2006 年苏州市国民经济和社会发展统计公报》，苏州市统计局网站，2022-11-06。

⑤ 《2010 年苏州市国民经济和社会发展统计公报》，苏州市统计局网站，2022-11-06。

⑥ 《2010 年无锡市国民经济和社会发展统计公报》，无锡市统计局网站，2022-11-06。

⑦ 《2006 年常州市国民经济和社会发展统计公报》，常州市人民政府网站，2022-11-06。

⑧ 《2010 年常州市国民经济和社会发展统计公报》，常州市统计局网站，2022-11-06。

次产业比例都呈现“二三一”的局面，即第二产业占比大于第三产业占比，第三产业占比大于第一产业占比，且三次产业结构不断优化，第一产业和第二产业占比不断降低，第三产业占比不断提高。产业结构调整尤其是先进制造业和现代服务业的蓬勃发展，对从事相关产业的劳动力的数量和素质提出巨大的需求。

(二)区域高等职业教育规模化发展，为产业升级提供充足的技术技能型人才

为满足区域产业发展需求，“十一五”期间，江苏省高等职业教育的办学规模不断扩大。根据江苏省年度教育事业发展统计公报显示，截至2010年，省内共有高职(专科)院校79所。从苏州、无锡、常州三市来看，截至2009年，常州市有高职院校15所，在校生近5万人①；苏州市有高职院校17所，在校生约6.8万人②；无锡市有10所高等职业技术学院，在校生约7万人，还有5所五年制高等职业技术学校，在校生中四、五年级学生约2万人③。高等职业教育办学规模的扩张，为区域产业升级提供了较充足的人才支撑。在追求办学规模的同时，苏州、无锡、常州三市部分高职院校注重提升办学质量，许多学校在“十一五”期间被评为国家示范校和骨干校。例如，2007年，常州信息职业技术学院和苏州工业园区职业技术学院被评为“国家示范性高等职业院校建设计划”立项建设单位；常州信息职业技术学院的模具设计与制造、电气自动化技术、软件技术和电子信息工程技术，苏州工业园区职业技术学院的数控技术、机电一体化技术、微电子技术和移动通信技术成为重点建设专业。又如，2010年，常州机电职业技术学院和苏州工艺美术职业技术学院被评为“国家示范性高等职业院校建设计划”立项建设单位；常州机电职业技术学院的数控设备应用与维护、模具设计与制造、农业机械应用技术、电气自动化技术，苏州工艺美术职业技术学院的装饰艺术设计、室内设计技术和广告媒体技术成为重点建设专业。在此之后，示范校和骨干校继续在江苏省和苏州、无锡、常州三市发挥辐射带动作用，推进高等职业教育不断提高办学质量，为区域产业发展培养高素质技术技能型人才。

(三)区域高等职业教育强化专业建设，支持产业结构优化

2006年，江苏省人民政府发布《省政府关于大力发展职业教育的决定》(苏政发〔2006〕26号)，提出“实施职业教育专业建设和课程改革行动计划，面向新兴产业和现代服务业，重点建设500个中职、80个五年制高职示范专业和400个高职品牌特色专业”。在此文件的引导下，苏州、无锡、常州三市的高等职业院校纷纷根据区域产业发展需求灵活设置专业。例如，苏州市部分职业院校在入驻国际教育园区后按专业门类整合，将原先的17所院校合并组建为市职业大学（苏州学院[筹])等4

---

① 钱国良：《常州市职业教育发展现状的调查与分析》，载《江苏技术师范学院学报(职教通讯)》，2009(6)。

② 杨海华：《苏州产业结构与职业教育互动关系评析》，载《职教通讯》，2010(1)。

③ 戴勇：《刍议区域高等职业教育发展现状——以无锡市高等职业教育为例》，载《江苏社会科学》，2009(S1)。

所院校。在此基础上紧跟当地产业发展需求，开设包括计算机应用、金融商贸等在内的一百多个专业。① 无锡市在“十一五”期间围绕“建设全国一流的区域性职业教育中心和接轨国际的技师大市”目标，强化职业教育内涵建设，在职业院校课程、专业、师资“三项建设”上取得丰硕成果，培育市级以上优秀课程 150 门、示范专业 90 个、职教课改实验点 36 个、实习实训定点企业 30 家，选派 190 位骨干教师出国培训。② 与此同时，无锡在 2010 年度职业教育工作要点中还强调“根据市产业转型升级对人才需求结构调整的要求和省工作部署，大力推进新一轮高水平示范性职业院校、高水平示范性专业、高水平示范性实训基地和高水平示范性课程建设，进一步加快星级职校创建步伐，争创 8～10 个省中职和 1～2 个省五年制高职示范专业”。常州市早在 2003 年就出台《关于印发常州市人民政府关于加快推进职业教育改革与发展的意见的通知》，提出“坚持面向社会，适应市场，强化职业教育特色，根据经济社会发展和劳动力市场需求，灵活设置专业和课程，积极发展服务于支柱产业、新兴产业的专业和培训项目，调整和改造传统专业，用信息化带动专业现代化，突出专业教学的实践性和实用性”。

(四)区域高等职业教育深化办学模式改革，为产业升级提供高质量人才

自 2000 年开始，国家层面陆续出台政策文件，推进校企合作，探索“订单班”人才培养模式，强调职业教育办学要和产业发展相适应，建立产学研合作机制。《国家中长期教育改革和发展规划纲要(2010—2020 年)》指出，“把职业教育纳入经济社会发展和产业发展规划，促使职业教育规模、专业设置与经济社会发展需求相适应”。为充分响应国家政策，江苏省也陆续出台文件，探索产教协同发展。例如，《省政府关于大力发展职业教育的决定》指出，“推进职业教育集约化办学……有条件的地方要以示范性职业院校为龙头、重点职业院校为骨干、行业企业为依托，组建以专业为纽带的区域性职业教育集团，走规模化、集团化、连锁化办学的路子”，与此同时，“大力推进职业院校与行业、企业、科研和技术推广单位开展合作，加强产教结合、农科教结合，形成前校后厂(场)、校企合一的办学实体。充分利用苏南、城市优质职业教育资源和就业市场，进一步推进苏南、苏北职业院校的联合招生、合作办学”。在此背景下，苏州、无锡、常州三市也在不断探索高等职业教育集约化发展模式，其中较为经典的模式之一是建设区域职教园区，如苏州国际教育园、无锡(藕塘)职教园、常州高职教育园区。为推动园区建设，三市出台相关政策，促进高等职业教育办学模式改革。例如，无锡市教育局在《2010 年职业教育、高等教育、社会教育发展重点工作》中提到，“推动支持藕塘职教园区强化基础设施和功能建设，建立完善专家支持、资源共享、管理协作等平台，支持抓好无锡城市职业技术学院、无锡高等师范学校等入园学校建设”。总体而言，在国家和江苏省政策的引导下，苏州、无锡、常州三市在该阶段开始探索具有区域特色的高等职业

① 杨海华：《苏州产业结构与职业教育互动关系评析》，载《职教通讯》，2010(1)。

② 《无锡市“十一五”教育工作总结》，无锡市教育局网站，2022-10-14。

教育办学模式，为区域产业发展输送高质量人才。

二、苏州、无锡、常州三市高等职业教育创新发展，推动区域产业结构升级(2011—2018年)

2011年，苏州、无锡、常州三市成为首批江苏省职业教育创新发展实验区。三市不断优化体制机制改革、深化产教融合、校企合作，推动职业教育迈向内涵式发展的新阶段。与此同时，江苏省和苏州、无锡、常州三市的产业结构也发生了历史性的变化，由“二三一”变为“三二一”。三市以高等职业教育创新发展持续推进区域产业结构转型升级。

(一)区域“三二一”产业结构对人才数量和质量提出新需求

“十二五”和“十三五”期间，江苏省综合实力持续增强，经济发展再上新的台阶。2018年，全省实现生产总值92595.4亿元。其中，第一产业增加值4141.7亿元，比2011年多了1076.9亿元；第二产业增加值41248.5亿元，比2011年多了16224.7亿元；第三产业增加值47205.2亿元，比2011年多了26689.5亿元。产业结构加快调整，三次产业增加值比例由2011年的6.3∶51.5∶42.2① 调整为4.5∶44.5∶51.0。新兴动能不断壮大，全年高新技术产业产值比上年增长11.0%，战略性新兴产业产值比上年增长8.8%。② 与此同时，产业从业人员的结构和数量也发生较大变化。2018年，第一产业从业人员764.9万人，比2011年减少了约258万人；第二产业从业人员2033.4万人，比2011年增加了15.9万人；第三产业从业人员1952.6万人，比2011年增加了234.9万人。三次产业从业人员分别占全省城乡从业人员总数的比例由2011年的21.5%、42.4%、36.1%调整为2018年的16.1%、42.8%、41.1%。③

具体到苏州、无锡、常州三市，2018年苏州全市实现地区生产总值1.86万亿元，经济结构不断优化。全市服务业增加值占地区生产总值比重达到50.8%。实现制造业新兴产业产值1.73万亿元，占规模以上工业总产值比重达52.4%，比上年提高1.6个百分点。先导产业加快发展，新一代信息技术、生物医药、纳米技术、人工智能四大先导产业产值占规模以上工业总产值比重达15.7%，成为首批国家服务型制造示范城市。④ 2018年无锡全市实现地区生产总值11438.62亿元，其中第一产业增加值125.07亿元，第二产业增加值5464.01亿元，第三产业增加值5849.54亿元。三次产业比例由2011年的1.8∶54.2∶44.0⑤ 调整为1.1∶47.8∶

---

① 《2011年江苏省国民经济和社会发展统计公报》，江苏省人民政府网站，2022-11-06。

② 《2018年江苏省国民经济和社会发展统计公报》，江苏省人民政府网站，2022-11-06。

③ 《2018年度江苏省人力资源和社会保障事业发展统计公报》，江苏省人力资源和社会保障厅网站，2022-11-06。

④ 《2018年苏州市国民经济和社会发展统计公报》，苏州市人民政府网站，2022-11-06。

⑤ 《2011年无锡市国民经济和社会发展统计公报》，无锡市统计局网站，2022-11-06。

51.1①。2018年常州全市地区生产总值达到7050.3亿元，其中第一产业实现增加值156.3亿元，第二产业实现增加值3263.3亿元，第三产业实现增加值3630.7亿元。三次产业增加值比例由2011年的3.1∶54.5∶42.4②调整为2.2∶46.3∶51.5③。2011—2018年，苏锡常三市的产业从业人员的结构和数量也发生较大的变化。以2011年为基准，苏州市和无锡市2018年的第一产业的就业人数均减少，第二产业和第三产业的就业人数均增加；常州市2018年的第一产业和第三产业的就业人数增加，第二产业的就业人数减少(如表5-1所示)。

表5-1　苏州、无锡和常州三地就业人数　（单位：万人）

地区	2011年				2018年			
	就业人数	第一产业	第二产业	第三产业	就业人数	第一产业	第二产业	第三产业
苏州	609.31	26.02	335.87	247.42	692.3	21.7	405.8	264.8
无锡	386	20.07	211.53	154.4	388.2	15.8	213.6	158.8
常州	277.72	22.26	153.21	102.25	282.2	29.4	137.4	115.4

数据来源：根据《江苏统计年鉴2012》和《江苏统计年鉴2019》整理所得。

整体来看，在此期间江苏省的三次产业比例和苏州、无锡、常州三市的三次产业比例都发生巨大的转变，结构由“二三一”变为“三二一”，即第三产业占比大于第二产业占比，第二产业占比大于第一产业占比。产业结构调整导致市场对于第三产业从业人员的需求数量增加，先导产业高速发展也对从业人员的素质提出更高要求。

(二)区域高等职业教育内涵式发展，为产业升级提供充足的技术技能型人才

依托江苏省职业教育创新发展实验区，苏州、无锡、常州三市一方面继续扩大高等职业教育办学规模，另一方面不断深化产教融合、校企合作，提升办学质量，走内涵式发展道路，为区域产业发展提供更多复合型技术技能人才。

首先，在办学规模上，截至2016年，苏州市有普通本科院校5所，高职院校17所，高职院校在高等院校中占比高达77%，其中国家级骨干(示范)院校2所，省级示范院校6所。2018年，苏州市高职院校所有在校生达104720人，占苏州市高校在校生总数的45%。截至2015年10月，无锡市共有职业院校44所，包括高等职业技术学院10所，五年制高职院校和中等专业学校20所，技工院校14所，在校生突破21万人。其中，国家示范性高职院校1所，省示范性高职院校3所，

① 《无锡市2018年国民经济和社会发展统计公报》，中国统计信息网，2022-11-06。

② 《2011年常州市国民经济和社会发展统计公报》，常州市统计局网站，2022-11-06。

③ 《2018年常州市国民经济和社会发展统计公报》，常州市人民政府网站，2022-11-06。

省示范性高职院校培育建设单位1所。① 截至2016年4月，常州市有独立设置的高职院校6所，包含5所公办院校和1所民办院校，在校学生数量约5.5万人。②

其次，在深化产教融合、校企合作上，苏州、无锡、常州三市也在不断深化探索。例如，2014年《苏州市职业教育校企合作促进办法》出台，强调“职业院校应当根据经济社会发展和市场需求，主动与企业在专业设置、课程开发、实训基地建设、师资培训、实习就业、质量评价等方面开展合作。职业院校应当积极参与企业的技术改造、产品研发和科技攻关以及企业的职工教育和继续教育等项目”“职业院校应当优先为合作企业推荐实习生、毕业生”。2015年《无锡市现代职业教育发展规划(2015—2020年)》出台，在重点任务中提出“根据全市城乡一体化发展规划和产业发展规划，同步规划和拓展新的职业教育资源”“充分发挥国家和省示范性职业院校的辐射作用，提高优质职业教育资源的办学效益”“建立产业结构调整驱动专业改革机制”“优化区域内职业培训机构布局”等。在相关政策的引领下，无锡市先后实施职业教育“三项建设”、“四项提升工程”和教学质量提升工程，持续推进职业教育内涵式发展。

总体来看，该时期苏州、无锡、常州三市开始立足本市，面向苏南和长三角地区全面深入推进产教融合，包括：优化整合职教资源，形成服务产业合理布局；先行先试，完善现代职业教育体系；政策引导，激发多元主体办学的积极性；改革创新，全面提高人才培养质量，充分服务区域产业发展。

(三)区域高等职业教育优化专业设置，支持产业转型升级

苏州、无锡、常州三市高等职业院校根据市场需求，灵活调整专业设置，支持江苏省和区域城市的产业转型升级。2012年，苏州市建成省示范专业61个，省品牌专业7个，省特色专业3个，省课程改革实验点22个，省中高职衔接试点项目23个。③ 无锡市高职院校围绕物联网、新能源与新能源汽车、节能环保、生物、微电子、新材料与新型显示、软件与服务外包、工业设计与文化创意等战略性新兴产业，以及装备制造、电子信息、纺织服装、特色冶金、精细化工等传统优势支柱产业，不断加强专业建设和课程建设，努力推进“育人链”与“生产链”的有机对接。截至2015年，无锡市高职院校共开设90个专业，涵盖教育部高等职业院校专业目录19个专业门类中的15个。④ 2012年，常州市三次产业的比例为3.2∶52.9∶

① 《市政府关于印发无锡市现代职业教育发展规划(2015—2020年)的通知》，无锡市人民政府网站，2022-11-06。

② 崔柏伟、王丹丹：《基于数据分析的区域高等职业教育与经济协调发展研究——以常州市为例》，载《职业技术》，2016(7)。

③ 《苏州教育献礼十八大系列报道之七——职业教育》，苏州市教育局网站，2022-11-06。

④ 《市政府关于印发无锡市现代职业教育发展规划(2015—2020年)的通知》，无锡市人民政府网站，2022-11-06。

43.9。① 同年，常州市教育局集中调研 14 所职业学校(包括 6 所高职院校，6 所中职学校和 2 所城市学院办学点)，样本院校开设五年制专业布点 124 个，涵盖农林牧渔、交通运输等 13 个专业大类(如图 5-1 所示)，现有五年制专业设置与三产比例几乎吻合(如图 5-2 和图 5-3 所示)。②

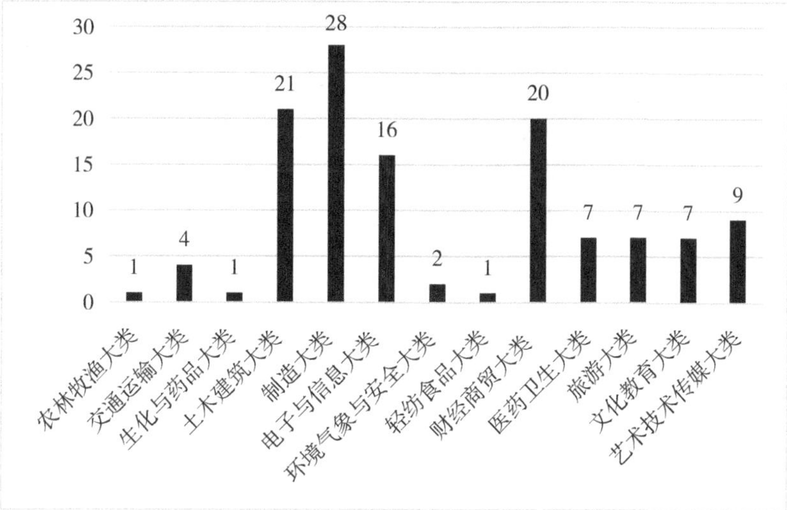

图 5-1　常州市五年制职业院校专业布点

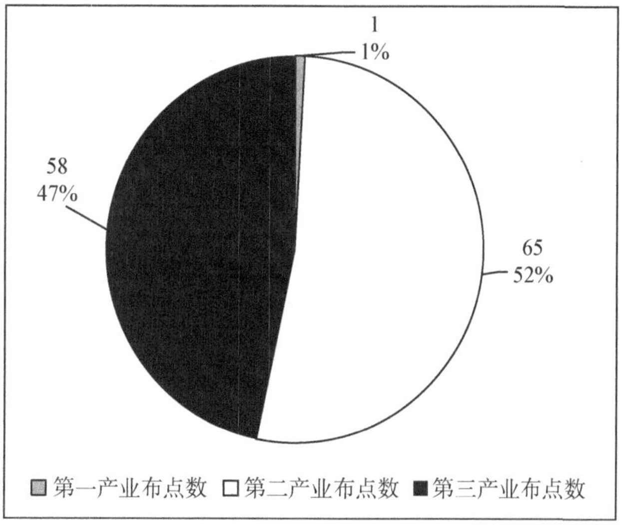

图 5-2　常州市五年制职业院校专业—产业对应图

① 《2012 年常州市国民经济和社会发展统计公报》，常州市统计局网站，2022-11-06。

② 尹伟民、王方、刘克勇：《江苏省职业教育专业结构与产业结构吻合度预警报告》，33 页，南京，江苏凤凰教育出版社，2016。

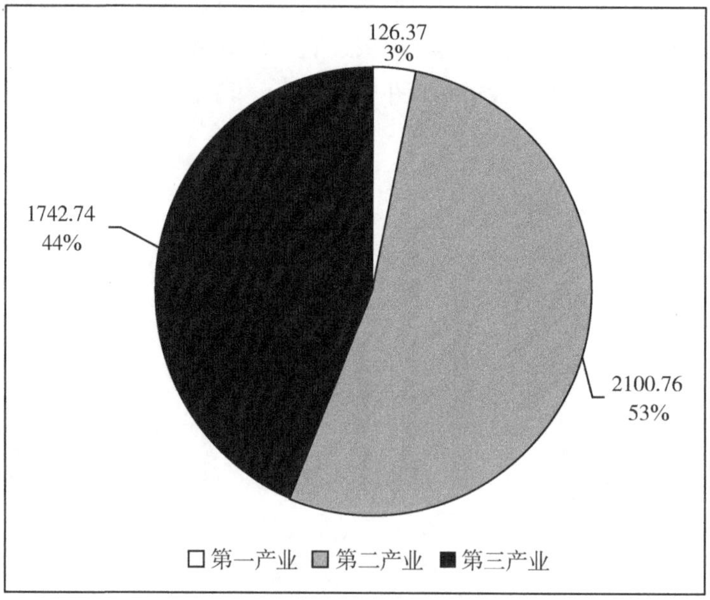

图 5-3 常州市 2012 年度产业结构图(单位：亿元)

(四)区域高等职业教育发挥办学辐射作用，为产业升级提供人才支撑

苏州、无锡、常州三市高等职业院校在提升人才培养质量的同时，充分发挥自身的辐射作用，包括引导毕业生在当地就业或者对本地社会人员进行技能培训，以此推动区域产业发展。以苏州市为例，高职院校的学生结构以江苏省内的生源为主，其中非苏州市生源占绝大多数。苏州市高职院校 2017 届毕业生中，江苏省生源占比 82.73%，其中非苏州市生源占比高达 82.54%。由此可见，苏州市高职院校对于江苏省其他市学生具有较大吸引力，其办学资源的辐射影响较广。毕业生区域就业方面，2015—2017 年苏州市高职院校毕业生留在苏州市就业比重达 52.26%，留江苏省就业者达 4.6 万人，这为苏州市乃至整个江苏省的产业发展提供了重要的人力资源支撑。毕业生就业单位方面，2016 届毕业生主要在私营企业就业，占比高达 77.27%，这为苏州市和江苏省内民营经济和中小微企业发展提供了支撑。① 在对社会人员的技能培训上，无锡市高职院校起到典范作用。2015 年，无锡全市共有职业技能鉴定机构 38 个，年参加职业技能鉴定人员超过 10 万人次，年新增高技能人才 2 万人，近 5 年培训企业员工、农村转移劳动力等达 100 万人次。全市职业院校毕业生双证获取率、就业率连续多年保持在 95% 以上。②

① 熊贵营：《苏州高职教育服务地方经济社会发展的人才贡献度研究》，载《职业技术教育》，2020(5)。

② 《市政府关于印发无锡市现代职业教育发展规划(2015—2020 年)的通知》，无锡市人民政府网站，2022-10-14。

三、苏锡常都市圈高等职业教育集约化发展，服务区域产业高质量发展(2019年至今)

《教育部 江苏省人民政府关于整体推进苏锡常都市圈职业教育改革创新打造高质量发展样板的实施意见》(苏政发〔2020〕75号)的出台，标志着苏锡常都市圈的高等职业教育与产业协同发展已经由规模化发展和创新发展正式迈入集约化发展新进程。

(一)苏锡常都市圈"三二一"产业结构对人才数量和质量提出新需求

江苏省作为经济最为活跃的省份之一，经济综合竞争力位居全国前列。从产业结构上看，江苏省2021年实现地区生产总值116364.2亿元，迈上11万亿元新台阶，比上年增长8.6%。其中，第一产业增加值4722.4亿元，增长3.1%；第二产业增加值51775.4亿元，增长10.1%；第三产业增加值59866.4亿元，增长7.7%。全年三次产业结构比例为4.1∶44.5∶51.4，整体产业结构呈现"三二一"局面。① 2020年江苏省就业人数共计4893万人，其中第一产业675.23万人，第二产业1942.52万人，第三产业2275.25万人。第一产业、第二产业和第三产业的就业人数结构为13.8∶39.7∶46.5。② 这对高等职业教育技术技能型人才供给数量和质量都提出了新的要求。从从业人员的行业分布上看，制造业、建筑业、租赁和商务服务业以及信息传输、软件和信息技术服务业的从业人员较多(如表5-2所示)。对此，江苏省高等职业院校需积极调整专业布局，以更好地应对区域产业发展需求。

表5-2　江苏省主要行业从业人员数　　(单位：万人)

行业	2019年	2020年
农、林、牧、渔业	45.68	43.75
采矿业	5.14	4.39
制造业	1506.55	1428.20
电力、热力、燃气及水的生产和供应业	19.66	19.23
建筑业	891.77	956.50
交通运输、仓储和邮政业	108.17	105.54
信息传输、软件和信息技术服务业	94.05	104.75
金融业	48.64	45.46
租赁和商务服务业	212.68	240.23
文化、体育和娱乐业	32.11	31.84

数据来源：《江苏统计年鉴2021》。

① 《2021年江苏省国民经济和社会发展统计公报》，江苏省人民政府网站，2022-11-06。
② 《江苏统计年鉴2021》，江苏省统计局网站，2022-11-06。

苏州、无锡、常州是江苏省 13 个地级市中经济发展水平比较高的。随着近几年苏州、无锡、常州产业发展差异化、特色化程度加剧，三市开始联合推动区域产业发展机会协同互补，聚焦发展智能装备、物联网、集成电路、新材料、新医药等新兴产业。《苏锡常都市圈发展行动方案(2022—2025 年)》提出，要聚焦合力打造高质量发展示范区，部署实施产业科技创新高地共创行动，发展产业智造服务联盟，实施数字经济赋能工程，营造良好创新创业生态。

从产业结构看，苏州市 2021 年第一产业增加值 189.7 亿元，比上年下降 0.8%；第二产业增加值 10872.8 亿元，比上年增长 9.5%；第三产业增加值 11655.8 亿元，比上年增长 8.1%。三次产业结构比例为 0.8∶47.9∶51.3。① 无锡市 2021 年第一产业实现增加值 130.33 亿元，比上年增长 1.3%；第二产业实现增加值 6710.50 亿元，比上年增长 9.9%；第三产业实现增加值 7162.41 亿元，比上年增长 7.9%。三次产业比例调整为 0.9∶47.9∶51.2。② 常州市 2021 年第一产业实现增加值 166.9 亿元，比上年增长 1.5%；第二产业实现增加值 4198.9 亿元，比上年增长 9.8%；第三产业实现增加值 4441.8 亿元，比上年增长 8.8%。三次产业增加值比例调整为 1.9∶47.7∶50.4。③ 苏锡常都市圈“三二一”产业结构对高等职业教育提出了人才数量和质量上的新需求。

2020 年，常州、无锡和苏州第二产业就业人数分别为 132.6 万人、206.1 万人和 384.2 万人，第三产业就业人数分别为 141 万人、199 万人和 344.4 万人。苏锡常都市圈的就业人数在第一产业、第二产业和第三产业的分布进一步明确了其职业教育的协同发展和专业的协同布局的方向(如表 5-3 所示)。

表 5-3 苏州、无锡和常州三地就业人数 (单位：万人)

地区	2019 年				2020 年			
	就业人数	第一产业	第二产业	第三产业	就业人数	第一产业	第二产业	第三产业
苏州	751.8	19.9	387.9	344.0	747.8	19.2	384.2	344.4
无锡	419.5	14.2	208.2	197.2	418.8	13.7	206.1	199.0
常州	300.0	27.8	133.9	138.2	300.5	26.9	132.6	141.0

数据来源：《江苏统计年鉴 2021》。

(二)苏锡常都市圈系列政策推动高等职业教育与区域产业协同发展

为推动高等职业教育与区域产业协同发展，在省部共建职业教育高地、推进职

① 《2021 年苏州市国民经济和社会发展统计公报》，苏州市人民政府网站，2022-11-06。

② 《2021 年无锡市国民经济和社会发展统计公报》，无锡新传媒网，2022-11-06。

③ 《2021 年常州市国民经济和社会发展统计公报》，常州市统计局网站，2022-11-06。

业教育高质量发展的背景下，出台了《教育部 江苏省人民政府关于整体推进苏锡常都市圈职业教育改革创新打造高质量发展样板的实施意见》，提出整体推进苏锡常都市圈职业教育改革创新，服务先进制造业发展，探索形成以城市群为载体，具有中国特色、国际影响力和对外输出实力的职教模式，打造具有国际竞争力的职教新高地和样板。这就明确了高等职业教育与苏锡常都市圈产业协同发展的方向。

随后，苏州、无锡和常州相继谋划高等职业教育与区域产业协同发展，分别出台了具体的方案，明确了推进高等职业教育与区域产业协同发展的关键举措。其中，苏州市委、市政府印发《苏州市推进苏锡常都市圈职业教育改革创新打造高质量发展样板的实施方案》，提出"加快建设根植江南文化、对接苏州制造，产教深度融合的现代一流职业教育，打造苏州样板"的总体发展目标。具体到高等职业教育与区域产业协同发展上，一方面，强化体制机制改革创新，激发职业教育办学活力，健全现代职业学校制度，起草《加快推进现代职业学校制度建设的实施意见》，推进校企合作机制创新；另一方面，促进产教深度融合发展，打造高质量发展新引擎，构建形成"四位一体"产教融合机制，形成 6 个"产学研创"一体化平台，制定《双元制职业教育 人才培养指南》《双元制职业教育 培训中心建设规范》等地方标准。

无锡市委、市政府结合本市高等职业教育发展和区域产业发展的实际情况，出台《无锡市推进苏锡常都市圈职业教育改革创新打造高质量发展样板实施方案》，成立了由市委、市政府主要领导共同担任组长的领导小组和工作专班。在高质量深化产教融合、校企合作上，无锡市出台《关于深化产教融合助力产业强市的实施意见》，建立产业、行业、企业、专业、学业、就业"六业联动"校企合作长效机制。在创新体制机制上，无锡全市职业院校建立学校、行业、企业、社区等共同参与的学校理事会，基本形成政府、学校、社会等多元参与的职业教育评价体系。这些政策举措为推进高等职业教育与苏锡常都市圈产业协同发展提供了强有力的支撑。

(三)高等职业教育优化专业布局，服务产业高质量发展

从江苏省各设区市的高等职业院校的数量上看，2020 年，苏州、无锡、常州分别有高等职业院校 17 所、10 所和 7 所，共计占江苏省高等职业院校总量的 37.8%(如表 5-4 所示)。数量充足的高等职业院校为服务苏州、无锡、常州的产业协同发展提供了基础。苏锡常都市圈高等职业教育发展质量高，共有 8 所高职院校入选"双高计划"建设单位(如表 5-5 所示)。此外，这 8 所高职院校的高水平专业群建设分别对应着苏州、无锡、常州的先进制造业、商务服务业以及信息传输、软件和信息技术服务业等产业，为苏锡常都市圈产业协同发展提供了重要的复合型技术技能人才支撑。

表 5-4　江苏省各设区市高等职业院校数量

设区市	院校数/所	设区市	院校数/所	设区市	院校数/所
南京市	18	南通市	6	徐州市	6
苏州市	17	扬州市	6	淮安市	5
无锡市	10	泰州市	2	盐城市	4
常州市	7			连云港市	3
镇江市	4			宿迁市	2
合计(苏南)	56	合计(苏中)	14	合计(苏北)	20

数据来源：根据《江苏省高等职业教育质量年度报告(2022)》整理得出。

表 5-5　苏锡常都市圈高水平高等职业教育建设情况

建设项目	学校	专业群	档次	所在城市
中国特色高水平高职学校和专业建设计划	无锡职业技术学院	数控技术、物联网应用技术	高水平学校A档	无锡市
中国特色高水平高职学校和专业建设计划	常州信息职业技术学院	软件技术、信息安全与管理	高水平学校B档	常州市
中国特色高水平高职学校和专业建设计划	常州机电职业技术学院	工业机器人技术、模具设计与制造	高水平学校C档	常州市
中国特色高水平高职学校和专业建设计划	常州工程职业技术学院	应用化工技术	高水平专业群B档	常州市
中国特色高水平高职学校和专业建设计划	苏州工艺美术职业技术学院	工艺美术品设计	高水平专业群B档	苏州市
中国特色高水平高职学校和专业建设计划	苏州农业职业技术学院	园林工程技术	高水平专业群B档	苏州市
中国特色高水平高职学校和专业建设计划	苏州工业职业技术学院	智能控制技术	高水平专业群C档	苏州市
中国特色高水平高职学校和专业建设计划	无锡商业职业技术学院	市场营销	高水平专业群C档	无锡市

数据来源：根据 2019 年《教育部 财政部关于实施中国特色高水平高职学校和专业建设计划的意见》(教职成〔2019〕5 号)公示名单整理得出。

江苏省高等职业院校密切关注各行业“十四五”期间发展趋势，主动服务区域经济社会发展和产业转型升级需要，精准对接区域重点产业需求，健全专业设置预警与专业结构动态调整机制。2021 年，江苏省高等职业院校各个专业大类中，装备制造、电子与信息等在校生数较多(如表 5-6 所示)。这几个专业大类正对应着苏州、无锡、常州的主导产业，为苏锡常都市圈产业高质量发展提供保障。

表 5-6　2021 年江苏省高等职业院校专业大类的开设学校数和在校生数

专业层次	专业大类名称	学校数/所	在校生数/人	专业层次	专业大类名称	学校数/所	在校生数/人
高职本科	土木建筑	1	159	高职专科	食品药品与粮食	34	16453
	装备制造	1	700		交通运输	66	60113
	电子与信息	1	722		电子与信息	80	125413
	财经商贸	1	319		医药卫生	48	67759
高职专科	农林牧渔	11	20798		财经商贸	80	137762
	资源环境与安全	26	6158		旅游	65	26509
	能源动力与材料	22	4666		文化艺术	79	55032
	土木建筑	63	59272		新闻传播	23	5540
	水利	2	136		教育与体育	54	42735
	装备制造	71	107719		公安与司法	7	1879
	生物与化工	23	6921		公共管理与服务	30	6077
	轻工纺织	17	6804				

数据来源：根据《江苏省高等职业教育质量年度报告(2022)》整理得出。

(四)高等职业教育供给优质技术技能型人才，支撑产业高质量发展

与 2020 年相比，2021 年江苏省高等职业院校毕业生的就业率、月收入等指标增幅明显。2021 届毕业生较 2020 届增加 12307 人，初次就业率达 91.05%，增长了 5.02 个百分点(如表 5-7、表 5-8 所示)。从毕业生本省就业率来看，60%以上的学生毕业以后留在省内工作。需要特别指出的是，相较于 2020 年，2021 年江苏省高等职业院校毕业生留在当地就业人数、到规模以下企业等基层服务人数、到规模以上企业就业人数均有所增加，其中留在当地就业人数增加了 15146 人。这为苏锡常都市圈产业协同发展提供了充足的技术技能型人才。

表 5-7　2020 年、2021 年江苏省高职院校毕业生就业情况对比(一)

序号	指标	2020 年	2021 年	增量
1	就业率/%	86.03	91.05	+5.02
2	毕业生本省就业比例/%	60.72	61.63	+0.91
3	月收入/元	4108.22	4275.16	+166.94
4	理、工、农、医类专业相关度/%	66.91	66.26	−0.65
5	自主创业比例/%	0.51	0.62	+0.11
6	雇主满意度/%	96.67	97.94	+1.27
7	毕业三年晋升比例/%	66.00	65.69	−0.31

数据来源：根据《江苏省高等职业教育质量年度报告(2022)》整理得出。

表 5-8　2020 年、2021 年江苏省高等职业教育就业情况对比(二)

序号	指标	单位	2020 年	2021 年	增量
1	全日制在校生人数	人	688596	759646	＋71050
2	毕业生人数	人	198852	211159	＋12307
3	就业人数	人	171070	192270	＋21200
4	留在当地就业人数	人	105247	120393	＋15146
5	到规模以下企业等基层服务人数	人	86269	110349	＋24080
6	到规模以上企业就业人数	人	30076	41234	＋11158
7	到 500 强企业就业人数	人	13736	13329	－407

数据来源：根据《江苏省高等职业教育质量年度报告(2022)》整理得出。

第二节　高等职业教育与苏锡常都市圈产业协同发展的模式解构

深化产教融合、校企合作是江苏省推进职业教育供给侧结构性改革的重要举措。苏州、无锡、常州三市分别通过区域职教园区、职教集团、产业学院，从宏观、中观、微观三个层面协同推进高等职业教育与苏锡常都市圈产业协同发展。

一、集约化协同发展，建设区域职教园区

职教园区一般是在市场、政府、社会等多方力量推动下，若干职业院校在特定区域集聚并达到一定规模的松散集合体。职教园区的建设旨在最大程度地整合职教资源，产生集聚效益，包括减少办学成本、提高办学效益、得到政府和企业的稳定支持、促进教育资源共享、促进管理与人才培养创新等。① 苏州、无锡、常州三市均建设职教园区，充分发挥园区的聚集效应，提升技术技能型人才培养质量，服务当地产业发展需求。此外，三市的职教园区在功能定位、空间管理和产教融合特色上均有所差异。

(一)苏州国际教育园

苏州国际教育园是苏州市委、市政府为适应本市经济社会和人才发展的需要、提升苏州综合实力、强化城市功能而确立的重要实事工程。该项工程于 2002 年 10 月奠基，2003 年 3 月开工建设，2009 年基本建成。目前入驻院校 14 所，其中，南

① 曹叔亮：《论高职教育园区的集聚效益：模式、类型、机制及影响因素——产业集聚理论的视角》，载《职教论坛》，2010(1)。

区入驻院校 9 所，包括苏州大学文正学院、苏州市职业大学、苏州工艺美术职业技术学院、苏州工业职业技术学院、苏州旅游与财经高等职业技术学校、苏州建设交通高等职业技术学校、东吴外国语高等师范学校、蓝缨学校、苏州语言专修学院；北区入驻院校 5 所，包括苏州科技大学、苏州卫生职业技术学院、苏州经贸职业技术学院、苏州医药科技学校、苏州技师学院。整体来看，苏州国际教育园涵盖中等职业教育、高等职业教育、普通本科教育、研究生教育、成人培训等多种办学层次和类型，呈现出职业教育为主、多种类型教育共同发展的特点，形成政府、行业、社会力量多元化的办学格局。

1. 园区四大功能。其一，以高等职业教育办学为主体，探索"中职—专科高职—本科高职—专业硕士"一体化人才培养模式，培养高素质技术技能型人才。与此同时，园区内职业院校对社会人员开展非学历培训，为区域产业发展提供优质人力资源。其二，打造成开放式办学、资源共享的教育实验区，推进普通教育与职业教育资源的开放共享。① 其三，打造成与国际融合、开展中外合作办学的示范区。其四，打造成融现代教育与山水人文为一体的文化旅游区。

2. 园区是城园一体型。园区建设融入苏州市整体城市规划中，形成城中有园、园中有城的发展模式。整个园区依上方山两侧、傍著名的石湖风景区而建，自然环境和历史人文条件得天独厚，从而打造成为具有开发性、可持续发展性、综合性的教育、科技、文化及旅游协调发展的山水大学城。②

3. 园区产教融合特色是产学研结合，开放共享。园区内各入驻院校以服务为宗旨，以就业为导向，以创新为动力，坚持面向企业、面向市场办学，走产学研结合之路，狠抓内涵建设，开设了适应苏州现代制造业、服务业等支柱产业发展的专业(群)。园区内积极探索"资源共享、学分互认"的人才培养模式，在校企合作、教学改革、管理方式、队伍建设、教育质量等方面起到示范作用。尤其是"师资共享、柔性管理"的教师队伍管理模式试点，打破园区内中高职院校的界限，根据教学需求在园区管理部门的统筹协调下实行师资的共享，发挥教师团队的集体效益。③

(二)无锡(藕塘)职教园

无锡(藕塘)职教园是无锡市"十一五"规划的"五大中心"重点项目之一。园区内包含无锡城市职业技术学院、江苏省惠山中等专业学校、无锡汽车工程高等职业技术学校、江苏省无锡技师学院、江南影视艺术职业学院、无锡商业职业技术学院、

---

① 《苏州国际教育园十年 彰显"职教航母"优势》，苏州市教育局网站，2022-10-14。

② 施南奇：《高质量发展背景下我国职业教育园区建设的实践与探索——基于苏锡常三地职教园区比较分析》，载《职教论坛》，2022(3)。

③ 《市政府办公室关于印发苏州市创建江苏省职业教育创新发展实验区实施方案的通知》，苏州档案信息网，2022-10-14。

无锡立信高等职业技术学校、江苏省无锡交通高等职业技术学校、江苏信息职业技术学院、无锡文化艺术学校 10 所职业院校。规划居民 10 万人，在校生 10 万人，总人口 20 万人左右。2008 年 11 月，园区被授予联合国“城市生态恢复示范区”荣誉称号。

1. 园区功能定位是打造成集职业教育、科研、实训、文化、旅游、生态、居住、商业为一体的综合性职教园。无锡(藕塘)职教园以建设长三角国际职教培训中心为目标，加快推进园区建设步伐，着力形成锡宜高速生态绿化带、洋溪河生态绿化带、青龙山生态绿化带三条绿色走廊，完善提升街园合一中心、原钱桥镇区中心、职教岛构成的商业中心三个中心地区，抓紧打造科技研发职教区、创新工业区、物流商贸区和道口商贸区四个功能区，加快形成藕塘居住片、洋溪河居住片、华新居住片、钱桥居住片和盛岸居住片五个环境优美的居住生活片区，进一步把园区建设成面向长三角、面向国内外、具有国际水准的职业教育综合试验区、现代中高等职业教育集聚区和产学研紧密结合的现代化综合性园区。

2. 园区是城市新区型。该种类型园区是指在城市规划过程中，在新城区建设现代化综合性园区，以促进资源共享，同时缓解老城区压力。① 无锡(藕塘)职教园区在建设之初，园区所在地就“撤镇设街”，与园区实行“街园合一”的行政管理体制。②

3. 园区产教融合特色是类型丰富，多样化办学。园区内囊括独立设置的高职院校、五年制高职、中职、技工学校，办学层次和类型丰富，有力支撑了中高职贯通培养模式的实施。园区内探索中高职“3＋2”或“3＋3”，中职与普通本科“3＋4”或“5＋2”等长学制、贯通式育人模式，为培养复合型技术技能人才奠定了基础。

(三)常州高职教育园区

常州高职教育园区是首批国家高职教育改革发展综合实验区，也是江苏省唯一的省级示范性高职教育园区。现有常州信息职业技术学院、常州纺织服装职业技术学院、常州工程职业技术学院、常州轻工职业技术学院、常州机电职业技术学院 5 所高职学院和常州大学 1 所本科高校入驻，在校学生 7.6 万余名，建有 16 个大型的现代化共享实训基地。

1. 园区功能定位是打造国家高职教育改革发展综合实验区。充分发挥园区内高职院校的群聚优势，大力推进专业集群、名师集聚、教学质量、共享平台、机制创新“五大工程”建设。资源开放共享、学历教育与职业技能培训紧密结合、师生创新创业能力强、校企合作紧密成为园区高职教育的显著特色。

2. 园区是产园融合型。在空间布局上，产业园区与职教园区有机融合，资源共享，以此促进产教高度融合。在常州市政府和市场资源的驱动下，园区被打造成

---

① 叶宗艳、胡斌武：《职教园区办学模式探析》，载《职教论坛》，2013(13)。

② 《无锡市“十一五”教育工作总结》，无锡市教育局网站，2022-10-14。

高职教育园区、科技园区、企业园区三位一体的产教融合创新园区、工程技术研究中心和工程化基地、高水平产教融合创新中心。①

3. 园区产教融合特色。一是创新办学体制，增强办学活力。园区聚集整合校企优质资源，建成集约育人共享平台，首创资源跨界“共建、共管、共享”新机制和“校、所、企”全方位协同育人新路径，形成“政府主导、产教融合、协同育人”的常州模式。二是深化平台建设，促进资源共享。通过放大共享实训平台资源，启动实施现代工业中心三年提升改造计划，推进产教深度融合，形成“共建、共管、共享、共赢”的人才培养模式。与此同时，借力构建创新创业平台，依托园区科研院所和高科技企业，建成创新创业实践基地。三是完善现代职业教育体系，搭建人才成长立交桥。按照“专业对接、课程衔接、实践导向、双证融通、中高连贯、校企合作”的改革思路，依托引进的大学、大院、大所发展研究生教育，基本形成“中职—高职—本科—硕士”一体化人才培养模式。② 四是深度推进校企合作，提升人才培养质量。积极推行“双元制”、现代学徒制和企业新型学徒制，实施“350”高层次人才互聘计划，推进园区科研机构、高科技企业与院校在专业建设、人才培养、技术开发、技术咨询、技术服务、技术转让和队伍建设等方面的深度对接合作，实现协同育人、协同创新、协同生态的发展新格局。五是积极扩大国际交流合作。园区依托国家级中德创新园区，深化中德“双元制”职业教育合作，聚焦德国巴符州教育部开展新一轮职业教育合作谈判和协议签署，积极引进德国应用技术大学开展合作办学。

二、集团式协同发展，组建多功能职业教育集团

江苏省一直十分重视职业教育集团引领高等职业教育与产业协同发展的作用。江苏省《关于推动现代职业教育高质量发展的实施意见》明确指出，要“推动职业院校依托优势专业与相关领域龙头企业深入合作，建设一批覆盖全产业链、辐射区域发展的职教集团。到 2025 年，建成 30 个紧密型职教集团”。以优质高等职业院校为牵头者，以行业、企业为重要支撑者，组建机电、信息等行业性职业教育集团是江苏省推进职业教育发展的重要举措，同时也是苏锡常都市圈高等职业教育与产业协同发展的主要抓手。苏州、无锡和常州高等职业院校充分发挥职教集团的纽带作用，积极推进企业参与职业教育办学，推动职教集团高效运行。根据教育部《关于开展示范性职业教育集团(联盟)建设的通知》(教职成司函〔2019〕92 号)的有关要求遴选的一批紧密对接国家重大产业发展的示范性职业教育集团中，苏州、无锡和常州共有 11 所高职院校牵头的职业教育集团入选(如表 5-9 所示)。

---

① 施南奇：《高质量发展背景下我国职业教育园区建设的实践与探索——基于苏锡常三地职教园区比较分析》，载《职教论坛》，2022(3)。

② 《科教城：高职教育“常州模式”渐入佳境》，常州市人民政府网站，2022-10-14。

表 5-9 苏锡常都市圈入选全国示范性职业教育集团(联盟)培育单位名单

批次	序号	集团名称	牵头单位
第一批次	1	江苏商贸职业教育集团	无锡商业职业技术学院
	2	江苏省艺术设计职业教育集团	苏州工艺美术职业技术学院
	3	江苏·发那科数控职业教育集团	北京发那科机电设备公司 无锡机电高等职业技术学校
	4	江苏电子商务职业教育集团	苏州经贸职业技术学院
	5	机械行业智能制造技术职业教育集团	无锡职业技术学院
	6	全国机械行业工业机器人与智能装备职业教育集团	常州机电职业技术学院
第二批次	7	江苏现代农业校企(园区)合作联盟	苏州农业职业技术学院
	8	全国检验检测认证职业教育集团	常州工程职业技术学院 中国检验检疫科学研究院
	9	苏州智能制造职业教育集团	苏州工业职业技术学院
	10	中国电子信息行业联合会物联网产教联盟	江苏信息职业技术学院
	11	中国服务外包产教联盟	苏州工业园区服务外包职业学院

数据来源：根据《江苏省高等职业教育质量年度报告(2022)》整理得出。

(一)地方政府指导下组建行业性职业教育集团

为了促进职业院校之间以及与行业、企业的交流合作，发挥职业教育集团在办学过程中的优势，提高职业教育服务区域经济发展水平，进一步创新职业教育人才培养模式，在苏州市政府指导下组建行业性职业教育集团。例如，为应对辖区内的16万家制造业企业以及2020年GDP总值突破2万亿元的经济总量的发展需求，苏州市充分发挥职业教育推动经济发展新引擎的作用，定向发力，深度赋能“苏州制造”产业需求。在苏州市政府、市教育局的支持、指导下，由苏州市职业大学牵头，组织相关职业院校、企事业单位、行业协会等，成立苏州市现代装备制造职业教育集团。在地方政府指导下组建行业性职业教育集团是苏锡常都市圈服务区域产业高质量发展的重要创新，有利于聚合政、行、校、企多方力量，共同推动行业性职业教育集团行稳致远。

政、行、校、企多方协同共建职业教育集团，精准的功能定位和高效的运作机制为职业教育集团的发展提供了重要保障。从功能定位上看，苏州市现代装备制造职业教育集团旨在深入研究现代装备制造行业发展和生产管理中的新技术、新问题，整合教育资源，形成整体优势，服务制造行业，促进产业提升。从运作机制上看，苏州市现代装备制造职业教育集团以产学结合、人才培养、教育改革、师资交流、科技合作为工作目标，以校企合作、互惠互利、服务地方、服务社会为工作指导原则，携手企业、院校共同推动苏州市现代装备制造职业教育发展①，充分发挥群体优势、组合效应和规模效应，推动苏州市现代装备制造产业与其他地区进行交流，不断提升苏州市现代装备制造职业教育的综合实力。

(二)行业协会牵头组建联盟型职业教育集团

除了政府指导下组建行业性职业教育集团，在高等职业教育与苏锡常都市圈产业协同发展实践中，还出现了由行业协会牵头组建联盟型职业教育集团的情况。2016年10月，中国电子信息行业联合会牵头组建了中国电子信息行业联合会物联网产教联盟。在中国电子信息行业联合会的领导下，联盟聚焦产业发展重点和职教发展难点，发挥校企资源整合纽带作用，促进产教融合和校企深度合作，有力地推进了物联网专业建设和人才培养工作。

中国电子信息行业联合会物联网产教联盟成员众多，呈现出“政、行、园、企、校”协同的特征。江苏信息职业技术学院依托中国电子信息行业联合会物联网产教联盟平台，聚集全国58所高校、3个政府部门、7个行业协会、近百家公司企业，为区域电子信息产业高质量协同发展提供了重要平台。从常态化协同工作重点来看，中国电子信息行业联合会物联网产教联盟主要以师生竞赛、交流会议、成果评选等活动作为成员常态化协同工作的载体。2021年，中国电子信息行业联合会物联网产教联盟获评国家示范性职业教育集团，联盟院校的物联网人才培养模式改革获国家教学成果奖二等奖2项、江苏省教学成果一等奖1项。江苏信息职业技术学院物联网应用技术专业学生连续四年蝉联全国职业院校技能大赛“物联网技术应用”赛项一等奖。中国电子信息行业联合会物联网产教联盟在服务区域产业高质量发展上发挥了示范、引领、辐射作用。

(三)政、行、校、企、研共投共建实体化运行的职业教育集团

在组建实体化运行的职业教育集团以推进高等职业教育与区域产业协同发展的实践中，常州工业职业技术学院开创政、行、校、企、研五方投资共建模式先河，牵头成立全国首家智能钣金行业职教集团。为服务全国智能钣金行业及装备产业发展，常州工业职业技术学院联合中国锻压协会、地方行业协会和4家央企科研院所牵头发起成立全国智能化钣金制造职教集团，成员包括35所学校、4家央企科研院所、28家领军企业和10家地方钣金行业协会(会员800余家)。

全国智能化钣金制造职教集团实行实体化运作模式，依托常州工业职业技术学院、科研院所、中国锻压协会、民营行业骨干企业共同投资成立江苏智萃数字化钣金制造有限公司，政、行、校、企、研五方共建基于数字孪生技术的股份制钣金数字化5G平行示范工厂和钣金工艺技术联合培训中心，三年计划投资7500万元，预

① 《苏州市现代装备制造职业教育集团章程》，苏州市现代装备制造职业教育集团网站，2022-10-01。

计年产值超过1个亿。① 与此同时，全国智能化钣金制造职教集团成立智能钣金制造产业学院，为钣金行业培养定制化的复合型技术技能人才。此外，全国智能化钣金制造职教集团还与江苏中科智能科学技术应用研究院共建数字化钣金工艺协同创新中心，开展行业关键共性技术研究。

(四)优质高职院校牵头组建协同治理型职业教育集团

优质高职院校基于自身的办学优势，牵头组建具有协同治理特色的职业教育集团。例如，无锡商业职业技术学院牵头成立了江苏商贸职业教育集团。从集团规模上看，无锡商业职业技术学院坚持政、行、校、企联动，现有指导单位6家、理事单位167家。从协同治理体系上看，江苏商贸职业教育集团在探索多元共治、多维度协同集团治理体系上颇有建树，逐步构建以理事会(常务理事会)为核心、秘书处为枢纽、工作委员会为主体、战略业务单元为支撑的多元共治集团治理架构，聚焦高质量人才培养，创新基于职教集团的新商科人才培养模式。无锡商业职业技术学院先后组建了专业建设与教学改革委员会、校企合作工作委员会、1+X证书推广中心、区块链商科专委会等集团共治平台，统筹推进校、企、行深度合作，创新校企协同育人模式。从集团的日常运行上看，江苏商贸职业教育集团积极探索推行会议轮值承办制和集团项目承接制，以优质合作项目提升集团聚合力。从建设成效上看，江苏商贸职业教育集团已获国家级教学成果奖2项，主持(参与)制定行业标准、国家专业教学标准近30项。

三、集成式协同发展，打造产业学院

江苏省积极推动落实《江苏省职业教育校企合作促进条例》，鼓励合作企业与实施学校共建产业学院或企业学院，校企共定标准、共商方案、共开课程、共训技能，使校企合作贯穿人才培养全过程，提升校企协同育人水平。江苏省《关于推动现代职业教育高质量发展的实施意见》指出，推动职业院校与行业、企业共建共管产业学院。所以，除了建立区域职教园区和多功能的职业教育集团，苏锡常都市圈还通过推进产业学院建设来推进高等职业教育与区域产业协同发展。

(一)地方政府推动制定产业学院建立与运行规范

为落实《苏州市推进苏锡常都市圈职业教育改革创新打造高质量发展样板的实施方案》等文件精神，苏州市发挥职业教育推动经济发展新引擎作用，推进各职业院校积极探索实践校企合作新模式，进一步深化产教融合、校企合作。目前，已开展第五批优秀产业(企业)学院遴选建设工作，已遴选三批38个市级优秀产业学院。苏州工业职业技术学院牵头制定了苏州市《双元制职业教育 企业学院建立与运行规范》，填补了职业教育地方标准空白。

《双元制职业教育 企业学院建立与运行规范》从共建原则、运行模式、人员配备、课程建设、共享型基地建设、运行管理、评价与改进七个方面明确了共建共管

---

① 《全国智能化钣金制造职教集团简介》，全国智能化钣金制造职教集团网站，2022-10-01。

企业学院的规范性要求，厘清了校企“双主体”各方的权益，规范和引领了学校层面“战略合作型”企业学院、院系层面“伙伴合作型”企业学院、专业层面“技术合作型”企业学院的平台体系建设，助力探索和深化富有中国特色、苏州特征、院校特点的产教深度融合育人新模式。《双元制职业教育 企业学院建立与运行规范》首先完整总结了企业学院建立和有效运行的必要条件，提出了企业学院建立和运行模式的基本框架，其次对企业学院的教师队伍任职条件、岗位职责和课程管理提出了明确的要求，最后以表格的形式提供了企业学院建设工作绩效评价的参考模板。这一规范的出台打破了院校层面开展校企合作的举措虽多样但尚未形成引导实践发展的标准和制度的现状，为苏锡常都市圈高等职业教育与区域产业协同发展提供了深入推进的行动方案。

(二)地方政府主导建立平台式现代产业学院

2020 年 8 月，国务院印发《新时期促进集成电路产业和软件产业高质量发展的若干政策》。“十四五”规划中，国家将发展集成电路产业作为科技自立自强的重要战略性支撑项目。无锡市推出《关于进一步支持集成电路产业发展的政策意见》，为集成电路产业精准赋能。在政策推动下，无锡集成电路产业链的各个环节联动发展，产业集群建设成效显著，形成了包括研发设计、芯片制造、芯片封装测试、系统开发、配套材料、支撑服务在内的完整产业链，其中芯片封装测试在单体规模和技术上达到世界先进水平。为了更好地服务集成电路产业的快速发展，江苏省高职院校中唯一一所由政府主导建立的现代产业学院——无锡集成电路产业学院于 2021 年 12 月成立。这也是无锡市推进苏锡常都市圈职业教育改革创新、打造高质量发展样板的一个生动实践。

无锡集成电路产业学院依托无锡蠡园经济开发区高新技术企业和人才集聚优势，围绕集成电路等高端产业，联合应用型本科高校、职业学校和高端产业龙头企业，共建共享集成电路产业学院和优质实训基地，共同培养集成电路等专业技术领域的高素质应用型人才，为企业选才用人以及与学校的科研等方面合作搭建平台，扩充了校企、企企之间交流、沟通乃至建立合作关系的渠道。基于无锡集成电路产业学院平台，无锡蠡园经济开发区与扬杰科技(无锡)有限公司、无锡惠芯半导体有限公司、无锡华睿芯微电子科技有限公司、无锡晶山微电子有限公司、无锡市谷峰半导体有限公司等 10 家企业签订落户协议，有力支撑了区域产业高质量发展。

(三)政校协同组建服务高新区的产业学院

作为江苏省首家“高新区办学、办在高新区”的公办高职院校，无锡科技职业学院“立足高新区”，对接区内重点发展新兴产业，将高新区的技术技能先导优势转化为办学优势。在组织架构上，由高新区主导成立无锡科技职业学院理事会，高新区党政主要领导担任理事长，学校党政主要领导担任副理事长。在政校协同治理的支撑下，无锡科技职业学院不断探索产教协同育人新模式，在专业设置、人才培养等方面与高新区产业发展高度契合。无锡科技职业学院与高新区重点企业共建特色产业学院3家，即与国家“芯火”平台、江苏集萃智能集成电路设计技术研究所有限公司共建集萃产业学院，与无锡奥特维科技股份有限公司共建奥特维智能制造产业学院，与苏州炫客数字科技有限公司共建炫客数字艺术产业学院，成为高新区产业发展的有效助推器。

校企双方整合优质资源，联合构建特色鲜明的专业育人体系，创新人才培养模式，建成集生产性实训基地、创业孵化基地、技术研发中心、协同创新中心等为一体的产教融合平台，逐步实现人才供给、技术技能培训、技术研发与推广、结构化团队构建、基地互设的产学研生态闭环。其中，无锡科技职业学院为无锡奥特维科技股份有限公司累计输送140余名毕业生，培训公司员工880人次；公司向学校捐赠6台价值990万元的高速串焊机用于实践教学。以无锡科院－奥特维订单班为基础，积极探索适应高职培养目标的现代学徒制人才培养模式。

(四)高职院校基于行业办学优势与行业龙头企业组建产业学院

与苏州、无锡更多地依托地方政府组建产业学院的实践举措不同，常州高职院校另辟蹊径，基于自身行业办学优势组建紧密对接产业需求的产业学院，江苏城乡建设职业学院就是典型代表。江苏城乡建设职业学院充分发挥行业办学优势，与启迪设计集团股份有限公司、江苏省建集团、中国建筑第八工程局等行业龙头企业开展深度校企合作，成立了启迪数智建造产业学院、绿地·省建学院、全过程工程咨询产业学院和建筑产业现代化创新学院。人才培养是职业教育的根本功能，产业学院是推动这一功能有效发挥的重要手段。依托产业学院，校企双方按照生产实际和岗位需求设计开发模块化、系统化课程体系，开发精品在线课程资源和教材，采用校企双导师制，实施技术培训与专业能力培养双轨教学，推进“卓越人才”培养工程，技术技能型人才培养质量显著提升，并在此基础上形成可推广、可复制的“能力本位、成果导向、精品引领、双轨交融”的人才培养新模式。

第三节 高等职业教育与苏锡常都市圈产业协同发展的基本特点

基于对高等职业教育与苏锡常都市圈产业协同发展的模式和案例的分析可以发现，高等职业教育与苏锡常都市圈产业协同发展呈现出整体性设计、指导性运行和标准化引领的特点。

一、协同发展整体性设计

高等职业教育与苏锡常都市圈产业协同发展得益于江苏省的一体化设计。在组织实施上，苏锡常都市圈成立了职业教育改革创新领导小组，共同决策区域内职业教育发展的重大事项，一体化整体性推进各项改革举措落地落实。在实施保障上，江苏省加强统筹协调，加大政策支持力度，设立苏锡常都市圈职业教育建设专项经费，提升职业学校基本办学条件，优化支持技术技能型人才成长政策，建立健全职业学校教师发展激励机制。为深化产教融合体制机制改革，江苏省还制定实施《江苏省职业教育校企合作促进条例》，建立苏锡常都市圈产教融合发展机制。其中，苏州在构建示范区职业教育一体化发展机制方面进行积极探索，成立了部省共建苏锡常都市圈项目苏州领导小组和工作专班。

二、协同发展指导性运行

在高等职业教育与区域产业协同发展进程中，江苏省职业教育行业指导委员会起到了重要作用。2020 年，江苏省教育厅联合相关行业主管部门和行业组织成立了现代农业、交通运输、机电、机械、电子信息、财经商贸、建设、纺织服装、文化旅游、石油化工、卫生健康 11 个首批省职业教育行业指导委员会(如表 5-10 所示)。这些行业指导委员会在苏锡常都市圈推进区域职教园区、职业教育集团和产业学院建设中发挥了重要的桥梁作用。江苏省对 11 个行业指导委员会的成员构成做出具体的要求，即必须囊括政、行、企、校相关人员。例如，江苏省建设职业教育行业指导委员会的主任委员来自江苏省住房和城乡建设厅，副主任委员来自江苏省住房和城乡建设厅、中亿丰建设集团股份有限公司、江苏城乡建设职业学院、江苏省建筑行业协会、江苏建筑职业技术学院等单位。在推进高等职业教育与苏锡常都市圈产业协同发展中，由政、行、企、校各类成员组成的行业指导委员会充分发挥了在专业产业吻合度调研、1＋X 证书准入与推广、新版职业教育专业目录修订及专业教学标准制定、新增专业设置、现代学徒制推广、省职业院校技能大赛等方面的指导作用。

表 5-10　2020—2023 年江苏省职业教育行业指导委员会和秘书处单位一览表

序号	行业指导委员会	秘书处单位
1	财经商贸职业教育行业指导委员会	江苏经贸职业技术学院
2	电子信息职业教育行业指导委员会	南京信息职业技术学院
3	纺织服装职业教育行业指导委员会	江苏工程职业技术学院
4	机电职业教育行业指导委员会	南京工业职业技术大学
5	机械职业教育行业指导委员会	无锡职业技术学院
6	建设职业教育行业指导委员会	江苏建筑职业技术学院
7	交通运输职业教育行业指导委员会	南京交通职业技术学院
8	石油化工职业教育行业指导委员会	南京科技职业学院
9	卫生健康职业教育行业指导委员会	苏州卫生职业技术学院
10	文化旅游职业教育行业指导委员会	南京旅游职业学院
11	现代农业职业教育行业指导委员会	江苏农林职业技术学院

数据来源：依据《省教育厅关于组建 2020—2023 年江苏省职业教育行业指导委员会的通知》整理得出。

三、协同发展标准化引领

依托苏锡常都市圈职业教育建设项目，苏州首创职业教育地方标准。双元制育人探索是苏州打造职业教育样板的重要举措，该模式源于德国，一元在学校、一元在企业，凸显学校和企业的“双主体”“双场所”，学生和学徒的“双身份”，教师和师傅的“双导师”。从 1993 年第一家德企入驻苏州以来，在苏州的德企现已近 650 家。2001 年，太仓率先开展德国双元制育人模式的本土化实践，建立了国内首个与德国职业教育同步的工人培训中心。此后相继成立了十余个双元制教育培训基地，逐步形成了双元育人的“苏州样板”，为中国特色现代学徒制探索提供了“苏州经验”。苏州健雄职业技术学院和江苏省太仓中等专业学校在全国范围内率先将“标准化”引入职业教育体系建设，建构起“职业—岗位—专业—课程—师资—质量评估”的现代学徒制“标准链”，扎实推进现代职业教育标准化建设。在多年双元制职业教育办学经验积累的基础上，苏州在全国率先制定《双元制职业 教育人才培养指南》《双元制职业教育 培训中心建设规范》《双元制职业教育 企业学院建立与运行规范》等 6 项市级地方标准，以标准化建设引领职业教育品牌建设和推广。其中，《双元制职业教育 人才培养指南》为全国首个获批的双元制育人的省级地方标准。

第六章

高等职业教育与区域产业协同作用样态与内在机制

四十余年的改革开放史在某种程度上亦是一部波澜壮阔的产业发展史，而产业的转型升级正是现代经济增长的实质内容和主导动力。作为典型经济强省，位于中国东部沿海的浙江省的产业发展在符合新常态经济“中高速、优结构、新动力、多挑战”特征的同时，兼具显著区域特色。[①] 面对产业的变迁发展，浙江省将创新驱动调整为首要战略，推进人力资本投资，将产业结构转型置于发展方式转变的突出位置。高等职业教育内生于产业需求，为经济发展服务，产业转型升级必定要求产业人才结构与之相匹配。高职专业设置是否满足区域产业发展，直接影响区域经济能否继续保持高质量发展。因此，提升产业支撑高等职业教育发展新水平，提高高等职业教育对区域产业的适应性，加强高职专业建设研究，为区域经济发展方式的转变服务，支持产业体系建设提供高素质技术技能型人才显得尤为重要。

第一节　高等职业教育与区域产业协同作用样态实证分析

本章以浙江省为例，通过对省内不同地级市高职专业设置与区域产业发展的协调性的测度分析进一步对比协调路径，从而实现在高等职业教育发展过程中专业与产业更高水平的对接，为区域产业发展提供坚实的技术技能人才支撑。

---

① 黄先海、宋学印等：《产业转型升级：浙江的探索与实践》，1～9页，北京，中国社会科学出版社，2018。

一、浙江省高等职业教育专业设置现状与基本特征

(一)案例区域高等职业教育专业设置现状

基于“坚持以服务发展为宗旨，以促进就业为导向”的指导方针，浙江省针对社会需求和经济发展状况，以学校自身的条件为基础，投入大量的人力物力，积极调整专业结构。

为落实《国务院关于大力发展职业教育的决定》精神，教育部先后发布《关于实施国家示范性高等职业院校建设计划加快高等职业教育改革与发展的意见》《关于全面提高高等职业教育教学质量的若干意见》。自2006年起，浙江省开启高等职业教育示范建设阶段。2012年，启动建设期为3年的骨干高职院校项目建设工作。该阶段高职院校专业门类覆盖面较广，为省内经济社会发展提供了基本的人才保障。

高职专业设置规模稳定。2019年浙江省独立设置高职院校共48所，全日制高职在校生数361233人，专任教师数15417人。共设置专业数326个，专业布点数1323个，每个专业点平均在校生规模306人，覆盖高职高专教育全部19个专业大类，75个二级专业类。①

高职专业设置覆盖全面。2019年，浙江省高职专业大类分布中，省内专业数设置最多的5个大类依次为财经商贸、电子信息、装备制造、文化艺术和教育与体育(如图6-1所示)。

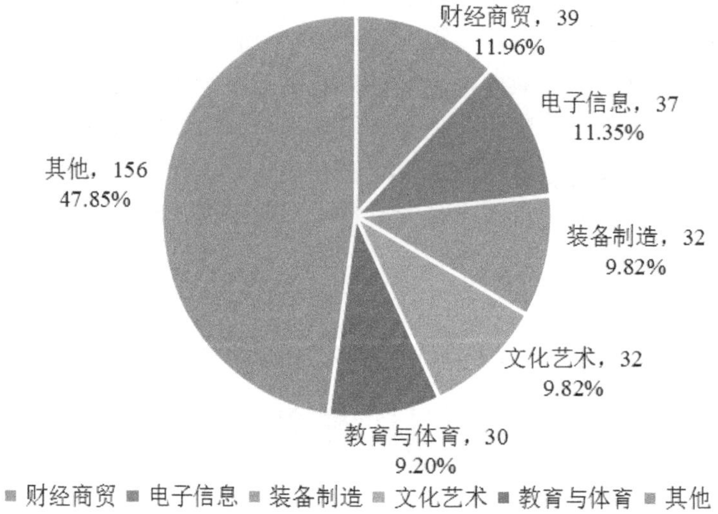

图6-1 2019年浙江省高职专业大类专业数设置比例分布

2019年浙江省高职院校共设置专业数326个，其中专业点数排名前十的专业依次为会计、计算机应用技术、电子商务、物流管理、机电一体化技术、计算机网络

---

① 王振洪、成军、邵建东：《浙江省高职教育发展报告(2016—2020)》，17～26页，武汉，华中科技大学出版社，2022。

技术、市场营销、商务英语、酒店管理、数控技术。从专业点的区域分布来看，杭州(469个)、宁波(181个)、金华(165个)、绍兴(123个)等地较为集中，丽水(31个)、衢州(20个)等地较少。

总体来看，浙江省高职专业设置逐渐趋于合理，全省高职专业数、专业布点数、招生专业点数均呈现稳步增加的趋势。专业分布中，专业点数靠前的专业大类基本未曾发生变动。

根据《普通高等学校高等职业教育(专科)专业设置管理办法》，将19个专业大类划分至相应的产业类别(如表6-1所示)。

表6-1 高职高专专业大类与对应产业

三次产业	专业大类
第一产业	51农林牧渔大类
第二产业	52资源环境与安全大类、53能源动力与材料大类、54土木建筑大类、55水利大类、56装备制造大类、57生物与化工大类、58轻工纺织大类、59食品药品与粮食大类、61电子信息大类
第三产业	60交通运输大类、62医药卫生大类、63财经商贸大类、64旅游大类、65文化艺术大类、66新闻传播大类、67教育与体育大类、68公安与司法大类、69公共管理与服务大类

数据来源：根据高等职业教育质量年度报告和高职院校网站相关数据统计整理得出。

2019年，全省48所高职院校329个专业中，第一产业专业16个，占比4.9%；第二产业专业140个，占比42.5%；第三产业专业173个，占比52.6%。①

随着社会经济发展和区域产业结构的优化，浙江省高职专业结构顺应产业结构发生相应变动。从近几年的趋势来看，第二产业高职专业比例有所下降，第一产业与第三产业高职专业比例有所上升。第一产业高职专业比例与相应产业结构比例呈现反向变动，第二产业与第三产业高职专业比例与相应产业结构比例变化方向基本一致。

(二)浙江省高职院校专业设置优势

1. 高职院校总体建设水平高

浙江省高职院校以面向市场、服务地方和企业为办学宗旨，整体建设水平居于全国高等职业教育前列。《浙江教育现代化2035行动纲要》《浙江省深化产教融合推进职业教育高质量发展实施方案》等政策文件的颁布实施，为加快打造中国特色、浙江品质、世界水平的现代教育体系提供了稳固的人才保障、智力支持、文化引领与科技支撑。

作为职业教育领域的“双一流”计划，中国特色高水平高职学校和专业建设计划(简称“双高计划”)是推进中国教育现代化的重要决策。2019年，浙江省推荐申

① 《浙江省高等职业教育质量2020年度报告》，浙江职成教网，2022-11-06。

报“双高计划”的 15 所高职院校全部入选。在全面推进国家“双高计划”建设和启动省级“双高计划”的背景之下，浙江省 15 所入选国家“双高计划”院校和专业群建设如期推进。在此基础上，浙江省教育厅、财政厅新立项 15 所省级高水平高职院校和 30 个高水平专业群，全面迈入高职教育高质量发展新阶段。

截至 2019 年，浙江省有独立设置的高职院校 48 所，仅占全国总数的 3.43%，而在国家“双高计划”建设项目中的占比高达 7.61%，入选的国家“双高计划”建设院校占省内高职院校的比例(30.61%)位于全国榜首。这也证明了浙江省高等职业教育总体建设水平高。

2. 专业大类布局较完备，布点范围较广

浙江省高等职业教育在 19 个专业大类都有布点。专业大类布点在 2016—2019 年存在较大差异，从变化趋势上来看，增长率最高的依次为资源环境与安全(55.56%)、交通运输(53.33%)、医药卫生(30.00%)、公共管理与服务(30.00%)。

截至 2019 年年底，浙江省高职院校覆盖了综合类、理工类、财经类等 10 种类型，共设置 76 个高职专业类目，占全部专业类目的 76.77%，一定程度上满足了区域经济社会发展对多样化高素质人才的需求。

3. 高职专业动态调整局面已初步形成

现阶段浙江省高职院校专业设置随产业发展而调整，同时也反映了社会与行业、企业对人才需求的变化。2019 年浙江省共有 326 个高职专业，近三年间共有 192 个专业的布点数有所变动，浙江省高等职业教育专业设置呈现动态调整状态。

2016—2019 年，专业布点数增速最快的专业是大数据技术与应用(1000%)、新能源汽车技术(300%)、无人机应用技术(300%)、中小企业创业与经营(300%)、商务数据分析与应用(250%)，新生人数增长率排名前五的专业是商务数据分析与应用(693.22%)、生物制药技术(692.59%)、新能源汽车技术(534.58%)、风景园林设计(503.03%)、中小企业创业与经营(432.65%)。① 值得关注的是，专业布点数增速排名前五的专业除大数据技术与应用外，均位列新生人数增长率前十榜单，这也体现了浙江省高等职业教育已经初步形成专业设置的动态优化局面。

(三)浙江省高职院校专业设置存在的问题

1. 高职院校类型比例存在结构性失衡

2019 年浙江省高职院校中比例最高的是综合类院校，达到 44.9%，其中入选国家“双高计划”的综合类高职院校的比例(33.3%)高于全国比例(25.4%)，而浙江省理工类高职院校入选国家“双高计划”的比例(20%)远低于全国比例(53.3%)。进一步观察浙江省现有高职院校与入选国家“双高计划”的高职院校的类型分布，不难发现浙江省高职院校中综合类院校比重过高，而行业类院校比重较低。

① 王振洪、成军、邵建东:《浙江省高职教育发展报告(2016—2020)》，17～26 页，武汉，华中科技大学出版社，2022。

2019年，浙江省22所综合类高职院校在19个专业大类中布点数居于前五位的依次是财经商贸、装备制造、电子信息、土木建筑、旅游，而与新材料、生物、新能源等战略新兴产业对接的生物与化工、能源动力与材料等大类的布点数十分有限。10所理工类高职院校专业布点数居于前四位的大类分别是电子信息、财经商贸、文化艺术和装备制造，财经类和艺术类高职院校也不乏电子信息、土木建筑、装备制造等大类的专业布点。由此可见，浙江省综合类高职院校专业大类布局覆盖不够全面，而行业类高职院校办学差异化不够明确，普遍存在“超业务范围”的专业布点特征。

2. 高职专业与产业结构存在结构性差异

2016—2019年，浙江省高职专业大类布点结构与高职报到学生结构的比例变动明显小于产业结构与就业结构的比例变动。自2016年起，浙江省高职专业大类布点结构与就业结构中的第一产业、第二产业比重呈现小幅下降，而第三产业比重则出现较为明显的涨幅，这也是浙江省高等职业教育布局优化的体现(如表6-2所示)。

表6-2　2016—2019年浙江省高职专业大类布点结构、招生结构、产业结构及就业结构情况

结构类别	三次产业	2016	2017	2018	2019
专业大类布点结构	第一产业	3.55%	3.19%	3.41%	3.31%
	第二产业	29.59%	30.72%	29.83%	29.01%
	第三产业	66.86%	66.09%	66.76%	67.68%
招生结构	第一产业	2.30%	2.20%	2.20%	3.20%
	第二产业	27.60%	25.70%	26.60%	27.30%
	第三产业	70.10%	72.10%	71.20%	69.50%
产业结构	第一产业	4.20%	3.70%	3.50%	3.40%
	第二产业	44.80%	43.00%	41.80%	43.60%
	第三产业	51.00%	53.30%	54.70%	53.00%
就业结构	第一产业	12.40%	11.80%	11.41%	10.50%
	第二产业	47.40%	46.22%	45.12%	45.53%
	第三产业	40.20%	41.98%	43.47%	43.97%
就业人员中高职毕业生占比		12.40%	12.60%	13.40%	15.50%

数据来源：根据浙江统计年鉴和浙江高职院校官方网站相关数据统计整理得出。

然而，浙江省高职专业大类布点结构与产业结构仍存在结构性差异，二者间的匹配程度有较大的提升空间。通过比较三次产业的相应比例可以看出，服务第一产业的专业大类布点比例较为合适，但是存在招生不足的问题；服务第二产业的专业大类布点比例不足，第二产业的学生规模与就业结构存在较大差距；服务第三产业的专业大类布点比例过多，专业布点和招生规模远远高于实际产业布局和就业情况，第三产业高等职业教育专业大类的人才培养供给和市场就业需求存在错配。

3. 专业设置存在重复性和盲目性

浙江省高等职业教育存在专业类布点重复性较高的问题。具体来说，2019 年浙江省高职院校财务会计类(37 个)、经济贸易类(32 个)、电子商务类(33 个)、市场营销类(32 个)的布点数均超过了省内财经类与综合类高职院校数量的总和(29 所)，艺术设计类(37 个)的布点数也超过了省内艺术类与综合类高职院校数量的总和(24 所)。

浙江省高职院校目前设立 76 个专业类，其中专业布点数在省内不足 5 个的有 38 个，占比高达 50%；近三年年均实际招生不足百人的专业类有 15 个。由此可见，浙江省高等职业教育同时面临专业布点多而分散与少而不精的困境，这种现象从某种程度上来说也造成了区域高等职业教育资源的浪费。

4. 专业调整存在滞后性且持续性弱

浙江省人民政府办公厅发布的《浙江省培育发展战略性新兴产业行动计划(2017—2020 年)》中提出，围绕网络经济、高端制造、生物经济、绿色低碳和数字创意五大领域，重点发展信息技术、物联网、人工智能、高端装备制造、新材料、生物、新能源、节能环保、数字创意等十大战略性新兴产业。在区域支柱产业和战略性新兴产业的专业设置与建设上，浙江省高等职业教育与其对接的专业设置与学生规模明显不足，对其的支持力度还有待提升，专业设置的科学性仍需加强。

除此之外，专业设置持续性不强是浙江省高等职业教育发展的一大问题，具体表现为新增专业布点的盲目扩张。例如，大数据技术与应用专业在 2016—2019 年从无到有并呈现爆发式增长，专业布点数和新报到学生数分别增至 11 个和 766 人。2016—2019 年，浙江省共有 24 个高等职业教育专业出现中断招生的情况，占所有专业的 7.21%。其中，11 个专业停止招生 1 年，5 个专业停止招生 2 年，8 个专业停止招生 3 年。伴随着社会和市场人才需求的快速变化，高职专业设置的滞后性越发明显，这也导致高职专业发展出现持续性不强的问题，从而在一定程度上造成教育资源的浪费。

二、浙江省高职专业设置与区域产业发展协调性测度与分析

浙江省高职专业设置与区域产业发展协调性测度与分析主要通过实证分析进行，根据耦合协调模型的具体流程进行分析。

(一)模型构建与指标选取

1. 模型构建

方法上沿用熵值法与耦合协调模型。为降低主观因素带来的干扰，运用熵值法计算高等职业教育与产业发展的综合发展指数。

设 X_1，X_2，…，X_m 为评价高职专业设置的 m 个指标，Y_1，Y_2，…，Y_n 为评

价区域产业发展的 n 个指标，则系统综合发展水平分别表示为：

$$f(X)=\sum_{i=1}^{m}\alpha_i X'_i，\ g(Y)=\sum_{j=1}^{n}\beta_i Y'_j$$

$$且\ 0\leqslant f(X)\leqslant 1，\ 0\leqslant g(Y)\leqslant 1 \tag{1}$$

其中，$f(X)$和 $g(Y)$代表高职教育专业设置和区域产业发展两个系统的综合发展水平；α_i 和β_i 代表系统中评价指标的权重系数；X'_i 和 Y'_j 代表所选取指标的标准值。

根据“配第—克拉克”定理，产业发展带来市场劳动力结构的变迁。随着劳动力的转移出现的则是传统生产技术和产业结构的转型升级，区域产业结构的调整、劳动力结构的优化都将对适配区域经济发展的人才提出新要求。作为高素质技术技能型人才的培养基地，高职院校应当审时度势，及时调整优化专业设置以满足社会需求。换一个角度来说，专业设置的合理性关系到人才培养的规模与质量，从而影响区域产业发展的速度与方向。高职院校依托专业设置为区域产业发展提供人才、技术等保障，与此同时，区域产业发展也为高职院校的人才培养和专业设置提供基础设施和资源，产业转型升级也将进一步推动人才结构与需求的转变。①

由此可知，高职专业设置与区域产业发展间存在耦合中所提及的互相联系、影响的作用。只有实现一定程度上的耦合，高职专业设置与区域产业发展才能协调。基于耦合模型的适用性，选取其对浙江省高职专业设置与区域产业发展的协调性进行测度。

为展示高职专业设置与区域产业发展两个系统之间的耦合协调作用，沿用已有研究成果构建耦合协调评价模型，计算公式如下：

$$C=\sqrt{\frac{f(X)\times g(Y)}{\left[\frac{f(X)+g(Y)}{2}\right]^2}} \tag{2}$$

$$D=\sqrt{C\times U}，U=\lambda f(X)+\mu g(Y) \tag{3}$$

其中，$C(0\leqslant C\leqslant 1)$为耦合度。当 $C=0$ 时，表明系统间处于无关状态且向无序发展；当 $C=1$ 时，表明系统间实现良性共振耦合且向新的有序结构发展。C 值越接近 1，表示系统间的耦合作用越强烈。D 为耦合协调度；U 为耦合系统的综合评价指数；λ、μ 为待定系数，且 $\lambda+\mu=1$。考虑到两个系统具有同等的重要性，故此处借鉴通行做法，取 $\lambda=\mu=0.5$。

对耦合协调度以评价高职专业设置与区域产业发展的耦合等级进行区间划分，参考主流的均匀分布函数法进行耦合协调度判别(如表 6-3 所示)。

---

① 许艳丽、刘晓莉：《高职院校服务产业结构升级动态能力构建及培育路径》，载《教育发展研究》，2017(3)。

表 6-3 高职专业设置与区域产业发展耦合协调等级与类型判定标准

耦合协调状态	耦合协调区间	耦合协调等级	耦合协调类型
发展失衡（不可接受区间）	[0.00，0.10)	极度失调	(1)$f(X)>g(Y)$为高职专业设置超前型。(2)$f(X)=g(Y)$为高职专业设置与区域产业发展同步型。(3)$f(X)<g(Y)$为高职专业设置滞后型。
	[0.10，0.20)	严重失调	
	[0.20，0.30)	中度失调	
过渡发展（过渡区间）	[0.30，0.40)	轻度失调	
	[0.40，0.50)	濒临失调	
	[0.50，0.60)	勉强协调	
协调发展（可接受区间）	[0.60，0.70)	初级协调	
	[0.70，0.80)	中级协调	
	[0.80，0.90)	良好协调	
	[0.90，1.00)	优质协调	

2. 指标选取

分析和评价一个地区的高职专业设置和区域产业发展状况，除了进行定性的描述和分析之外，更重要的是进行相关定量分析，通过建立一个度量标尺去测度单个系统的总体状况，把握其发展态势，寻找提升高职专业设置和区域产业发展水平的途径。而这是一个涉及两个系统的总量、结构、效益、增速等多方面的过程，单个或少数指标均不足以说明其发展水平。因此需要建立一个综合全面、科学严谨的评价体系，对其进行分析和评价。

高职专业设置和区域产业发展评价体系是一个能衡量、监测区域系统发展水平，反映区域系统发展各要素的现状、相互关系、所处环境和发展趋势的综合指标体系。构建评价体系是为了以简明的方式尽可能全面地向人们提供被评价地区高职专业设置和区域产业发展的基本状况和变化过程。通过梳理关于评价单个系统的指标体系构建的研究成果，遵循系统性、科学简明性、可比可操作等原则，本章参考李金龙①等学者的研究，采用规模、结构、效益、增长四个维度的因素层共同对高职专业设置与区域产业发展状况进行综合评价。

(1)高职专业设置系统指标体系构建

反映规模要素的指标：院校层面选取全日制在校生数和院校数，专业设置层面选取专业设置数、专业布点数以及专业二类覆盖率。《中国教育统计年鉴》中提到的“种数”是反映当前高等学校的专业设置数，“点数”则是反映某一个专业在各个学校的开设情况(专业布点数)。以本科层次哲学学科为例，哲学学科共有 5 个专业，若全国共有 100 所高等学校分别开设哲学学科中的 3 个专业，则统计为哲学学科专业的专业设置数为 5 个，专业布点数为 300 个。高职正在使用的《普通高等学校高等

① 李金龙：《构建服务业统计调查指标体系的思考》，载《现代经济信息》，2011(2)。

职业教育(专科)专业目录》(2015 版)共设 19 个专业大类，99 个专业类，共 778 个专业(2016 年、2017 年、2018 年、2019 年分别增补专业 13 个、6 个、3 个、9 个)，专业二类对应 19 个专业大类下的 99 个专业类别。

反映结构要素的指标：统计省内各所高职院校专业设置情况，按地级市统计专业设置数量与专业布点数量，分别计算得到第二产业、第三产业专业设置比例与第二产业、第三产业专业布点比例。

反映效益要素的指标：高职专业建设除了要关注规模与结构，还要关注经济效益。选择百亿 GDP 负担的高职专业布点数、百亿财政收入负担的高职专业布点数，数值由高职专业布点数分别除以相应单位的 GDP 与财政收入得到；另选取高职院校的平均专业布点数，是由专业布点数除以高职院校数得到。

反映增长要素的指标：除了静态指标，还需要选择相关动态指标以观察并预测高职专业设置系统的发展动向。选取专业设置数增长率、专业布点数增长率及专业二类数增长率 3 个指标，均为现期值与基期值之比减 1 后的结果。

运用熵值法计算指标权重，得到高职专业设置系统的各项指标与权重(如表 6-4 所示)。

表 6-4　高职专业设置系统的各项指标与权重

系统层	因素层	评价指标	权重
高职专业设置系统	规模要素	全日制在校生数/人	0.1098
		院校数/所	0.1734
		专业设置数/个	0.1074
		专业布点数/个	0.1632
		专业二类覆盖率/%	0.0336
	结构要素	第二产业专业设置比例/%	0.0206
		第三产业专业设置比例/%	0.0351
		第二产业专业布点设置比例/%	0.0194
		第三产业专业布点设置比例/%	0.0881
	效益要素	百亿 GDP 负担的高职专业布点数/个	0.0587
		百亿财政收入负担的高职专业布点数/个	0.0470
		高职院校的平均专业布点数/个	0.0470
	增长要素	专业设置数增长率/%	0.0410
		专业布点数增长率/%	0.0599
		专业二类数增长率/%	0.0430

数据来源：根据《浙江统计年鉴 2019》和浙江高职院校网站相关数据整理得出。

(2)区域产业发展系统指标体系构建

反映规模要素的指标：在分析区域产业发展情况时，着重关注产值、投资额，产值反映了产业规模，投资额则反映了区域对产业的定位与发展偏好；除此之外，进出口总额可以用来观察区域在对外贸易方面的总规模。因此，选取三次产业增加值总额、三次产业固定资产投资总额及进出口总额 3 个指标作为区域产业发展的规模要素。

反映结构要素的指标：目前研究中国或国内各区域的产业结构问题时，绝大部分学者都通过研究三次产业各自的产值在三次产业增加值中的比重再结合国际上通行的一些标准来进行对照分析。通常认为，具有“三二一”经济结构的经济体处于高度发达状态。从业人员的占比也是反映产业结构是否合理的重要评价标准。因此，选取第二产业、第三产业占 GDP 的比例与第二产业、第三产业从业人员占总就业人数的比例 4 个指标反映区域产业发展的结构。

反映效益要素的指标：投资效益系数是公认的效益指标，指某时期国民收入的增长额与引起这一增长的投资完成额之比，反映单位投资可以增加的国民收入。该系数越大，表明单位投资增加的国民收入越多，投资效益越高。由于国民收入增长额是由多种因素决定的，只能尽量客观地反映投资效益水平及其变动趋势。在评价经济发展质量和效益时，通常选取人均国内生产总值及人均实际利用外商直接投资来评估。因此，选取产业投资效益指数、人均国内生产总值及人均实际利用外商直接投资反映区域产业发展的效益。

反映增长要素的指标：兼顾静态与动态指标的选择，以评价并预测区域产业发展的态势。选取人均国内生产总值增长率、三次产业增加值总额增长率、三次产业固定资产投资总额增长率 3 个指标，均为现期值与基期值之比减 1 后的结果。

运用熵值法计算指标权重，得到区域产业发展系统的各项指标与权重(如表 6-5 所示)。

表 6-5　区域产业发展系统的各项指标与权重

系统层	因素层	评价指标	权重
区域产业发展系统	规模要素	三次产业增加值总额/亿元	0.1233
		三次产业固定资产投资总额/亿元	0.1197
		进出口总额/亿美元	0.1072
	结构要素	第二产业占 GDP 的比例/%	0.0257
		第三产业占 GDP 的比例/%	0.0304
		第二产业从业人员占总就业人数的比例/%	0.0241
		第三产业从业人员占总就业人数的比例/%	0.0169

续表

系统层	因素层	评价指标	权重
区域产业发展系统	效益要素	产业投资效益系数	0.0479
		人均国内生产总值/(元/人)	0.0656
		人均实际利用外商直接投资/(美元/人)	0.0360
	增长要素	人均国内生产总值增长率/%	0.0163
		三次产业增加值总额增长率/%	0.0279
		三次产业固定资产投资总额增长率/%	0.3150

数据来源：根据《浙江统计年鉴 2019》和浙江高职院校网站相关数据整理得出。

(二)耦合协调性测度结果

参照耦合协调测度模型的构建及计算步骤与公式，分别得到高职专业设置综合指数 $f(x)$、区域产业发展综合指数 $g(y)$、耦合度 C、耦合协调度 D，根据高职专业设置与区域产业发展耦合协调等级与类型判定标准划分(如表 6-6 所示)。

表 6-6　2019 年浙江省各区域高职专业设置与区域产业耦合协调发展等级及类型

区域	$f(x)$	$g(y)$	C	D	耦合协调发展等级	耦合协调发展类型
宁波	0.2816	0.3675	0.9653	0.5597	勉强协调	高职专业设置滞后型
舟山	0.1603	0.1331	0.9828	0.3797	轻度失调	高职专业设置超前型
温州	0.1609	0.2428	0.9194	0.4308	濒临失调	高职专业设置滞后型
台州	0.1767	0.1649	0.9976	0.4128	濒临失调	高职专业设置超前型
丽水	0.0928	0.1139	0.9791	0.3181	轻度失调	高职专业设置滞后型
衢州	0.0667	0.0705	0.9984	0.2617	中度失调	高职专业设置滞后型
杭州	0.3110	0.5485	0.8532	0.6055	初级协调	高职专业设置滞后型
湖州	0.1800	0.2210	0.9792	0.4431	濒临失调	高职专业设置滞后型
嘉兴	0.2285	0.2373	0.9993	0.4824	濒临失调	高职专业设置滞后型

续表

区域	$f(x)$	$g(y)$	C	D	耦合协调发展等级	耦合协调发展类型
绍兴	0.1628	0.2604	0.8966	0.4356	濒临失调	高职专业设置滞后型
金华	0.1036	0.3126	0.5593	0.3412	轻度失调	高职专业设置滞后型
全省均值	0.1685	0.2337	0.9187	0.4160	濒临失调	高职专业设置滞后型
浙江总体	0.5401	0.7251	0.9577	0.7784	中级协调	高职专业设置滞后型

数据来源：根据《浙江统计年鉴 2019》和浙江高职院校网站相关数据整理得出。

2019 年，浙江省高职专业设置与区域产业发展的耦合协调度呈现出浙江省整体—浙北—浙东—浙南—浙中—浙西地区递减的空间分布规律。总体来看，浙江省高职专业设置与区域产业发展的耦合协调度为 0.7784，呈现中级协调状态，属于高职专业设置滞后型。

在 11 个地级市中，杭州(0.6055)、宁波(0.5597)的耦合协调度位居前二，分别呈现初级协调和勉强协调的状态；金华(0.3412)、丽水(0.3181)两市呈现轻度失调；衢州(0.2617)耦合协调度排名最末，呈现中度失调。除此之外，其他城市的耦合协调度大多处于 0.40～0.50，发展等级大多为濒临失调，整体水平并不高。总体来看，经济发达地区的耦合协调状况优于经济欠发达地区。

从耦合协调发展等级的空间分布来看，浙江省各城市高职专业设置与区域产业发展的耦合协调发展等级存在较大差异，分布在 6 个发展等级上。省内仅有的呈现协调发展的杭州(初级协调)、宁波(勉强协调)的高职专业设置系统与区域产业发展系统的综合指数均为全省前两位，但这两个城市的高职专业设置系统相对其区域产业发展系统来说稍显滞后。濒临失调的城市共 5 个，分别是嘉兴、湖州、绍兴、温州、台州，这几个城市均为浙江省经济发展水平靠前的地区，经济高速增长后也都面临着产业结构转型升级的难题，高等职业教育的人才培养对区域产业转型升级的支撑潜力需要进一步挖掘。轻度失调的城市共 3 个，分别是舟山、金华、丽水。中度失调的城市仅有衢州，其高职专业设置系统与区域产业发展系统的综合指数均为全省末位。综合来看，长江三角洲城市在层次较高的耦合协调等级出现频率较高，浙北、浙东地区协调水平普遍较高，浙南、浙西、浙中地区则在层次较低的耦合协调发展等级出现频率较高。

就高职专业设置与区域产业发展两大系统综合发展水平的对比关系和耦合协调发展类型而言，浙江省各地区表现也不尽相同。其中，只有舟山和台州属于高职专业设置超前型，其余 9 个地级市均属于高职专业设置滞后型。浙江省整体也呈现出高职专业设置滞后于区域产业发展的态势。

(三)耦合结果分析

浙江省大多数地区高职专业设置滞后于区域产业发展，少数地区高职专业设置超前于区域产业发展。现就这两种类型选择相应的具有代表性的地区进行进一步分析。

1. 高职专业设置滞后地区——以宁波市为例

宁波市是长江三角洲南翼经济中心和化工基地、华东地区的重要工商业城市、副省级城市。开埠以来，工商业成为宁波家喻户晓的城市名片。① 2019 年，宁波市地区生产总值为 11985.1 亿元，同比增长 6.8%，增速高于全国 0.7 个百分点，三次产业结构比例为 2.7∶48.2∶49.1。作为长三角五大都市圈中心城市，宁波坐拥世界第一大港口，恰逢“长三角一体化”和浙江大湾区战略的历史发展机遇，肩负起建设全国首个“中国制造 2025”试点示范城市的重任。宁波的产业结构正在进一步升级换代，经济发展质量也将得到更大的提升。

以近年经济运行情况来看，宁波地区战略性新兴产业、高端装备制造业发展迅猛，数字经济快速发展，成为第 17 个进入 GDP“万亿俱乐部”的城市。奉化区、宁海县、象山县丰富的旅游资源，镇海区、北仑区的石化、电力、能源临港产业集群，新出台的“前湾”新区政策等，均对区域经济发展的人才需求提出了新的要求。作为全国首个“中国制造 2025”试点示范城市，宁波拥有超过 12 万家制造业民营企业的雄厚基础，支撑起以绿色石化、汽车为代表的 2 个万亿级产业，以高端装备、电子信息为代表的 4 个五千亿级产业，以生物医药、文化体育为代表的 6 个千亿级现代产业集群。宁波市利用临港优势打造高端制造业，正是提升其区域经济发展的重要途径。以上均为宁波市高职院校调整专业设置提供了指向标。

当前宁波市共设 6 所高职院校，其中综合类 2 所、财经类 1 所、医药类 2 所、理工类 1 所。专业设置涉及 17 个专业大类，涵盖 174 个专业，专业布点数 337 个。其中专业数最多的专业大类依次是财经商贸(38 个)、文化艺术(24 个)和医药卫生(18 个)，所占比例分别为 21.84%、13.79%和 10.29%。在所有招生大类中，财经商贸大类招生人数为 9716 人，占比高达 29.81%；电子信息大类招生人数为 4744 人，占比达 14.56%；医药卫生大类招生人数为 3575 人，占比达 10.97%。

总体来看，宁波市高职专业设置与区域产业发展基本适应。宁波市地区生产总值从 2009 年的 4214.6 亿元增至 2019 年的 11985.1 亿元，十年间增长了 1.84 倍。三次产业结构比例从 4.4∶53.3∶42.3 调整为 2.7∶48.2∶49.1，第三产业发展迅速，产业结构从“二三一”转变为“三二一”。第三产业中，营利性服务业和金融业保持较好的增长势头，对服务业的增长合计贡献达一半以上。战略性新兴产业中，新能源产业、节能环保产业、新一代信息技术产业、高端装备制造业的增速均高于规

① 《一年一个千亿元台阶 宁波工业转型升级迈大步》，中国宁波网，2022-11-06。

模以上工业平均水平。

从宁波市高职院校专业设置结构来看，三次产业结构比例为1.1∶39.7∶59.2。在与区域产业发展相适应的过程中，宁波市高职院校逐渐探索形成差异化发展战略。[①] 宁波市高职院校财经商贸大类专业数最多，比例高达21.84%。这一方面是因为宁波拥有深厚的商帮文化传统，且设有浙江工商职业技术学院这所被誉为“宁波商帮文化的摇篮”的财经类高职院校；另一方面则是由于财经商贸大类的专业设置投入成本较低。排名第二的是电子信息大类，宁波市正围绕甬江科创大走廊建设加快组建布局智能汽车电子、智能电子产品、光学电子等领域的电子信息制造业创新中心。排名第三的是医药卫生大类，这和宁波卫生职业技术学院、原浙江医药高等专科学校的专业方向有关，体现了对接地方经济和产业发展需求的现代化高等职业技术学院的特色。

除此之外，宁波市高职专业设置与招生情况与其他地区没有非常大的差异，并未体现出区域产业特色。隶属于第三产业的财经商贸、医药卫生、文化艺术、教育与体育、旅游等大类专业设置比例为59.94%，招生人数比例为60.25%，均远远超过第三产业所占比重，体现了宁波市高等职业教育的专业设置、人才培养与区域产业发展存在一定的脱节。

2. 高职专业设置超前地区——以舟山市为例

舟山市背靠上海、杭州等大中城市，面向东海，是全国唯一一个全部由中小型岛屿组成且人口达到一定规模的地级市。2019年，舟山市地区生产总值为1371.6亿元，三次产业结构比例为10.6∶34.7∶54.7，呈现出“三二一”的产业结构。舟山市近年来远洋渔业发展良好，工业高速增长，居民消费升级明显。2019年，全市地区生产总值比上年增长9.2%，增速居全省首位。在国内外经济环境复杂多变的背景下，舟山市主动调整产业结构、促进产业转型，新产能不断释放，经济高质量发展有成效，新区、浙江自贸区建设有亮点，为舟山市逆周期经济飞扬奠定了扎实基础。

自20世纪80年代起，中国将海洋产业视为经济布局的重要组成部分，提出建设成为海洋强国的战略目标。在国家沿海开发的宏观政策指引下，海洋产业经济也面临着绝佳的机遇。舟山市围绕浙江省海洋经济发展示范区建设，现已初步形成了以临港工业、港口物流、海洋旅游为支柱且规模在不断扩大的现代化海洋经济体系，强化产业核心技术攻关，推进产业链、创新链协同发展，闯出了一条“凭海而兴”的新路子。海洋经济迅速发展，涉海从业人员规模也随之急剧扩大，对舟山市高等职业教育提出了新的要求。如提高涉海从业人员中专业技术人员比例，使高等职业教育与海洋产业经济在发展规模和速度上形成对接等。

舟山市目前设有浙江舟山群岛新区旅游与健康职业学院、浙江国际海运职业技

---

① 邓子云：《区域现代服务业发展与高职教育专业群布局的契合度研究》，载《中国人民大学教育学刊》，2018(3)。

术学院。专业大类覆盖率为 52.63%，其中装备制造大类与交通运输大类的专业布点与招生人数远远高于其他大类，几乎占据舟山市高等职业教育的一半资源。当前专业设置与招生在第一产业均显示空白，第二产业专业布点比例为 44.12%，第三产业专业布点比例为 55.88%；第二产业招生 820 人，占比 42.49%，第三产业招生 1110 人，占比 57.51%①，符合"三二一"的产业结构发展趋势。尽管发展综合指数在浙江省 11 个地级市中排名靠后，耦合结果呈现轻度失调，但舟山市是浙江省仅有的两个高职专业设置超前的地区之一。在产业转型升级的大背景下，不少地区第三产业发展态势迅猛，生产总值逐渐超过第二产业，步入工业后时期。但产业结构应当结合地域产业特色，抓住转型升级之一做大做强，而非一味追求"三二一"。相较于其他地级市，舟山市高等职业教育规模小、专业布点少、投入有限，然而两所高职院校行业特色明显，有较强的专业设置偏好。这使得舟山市高等职业教育专业建设成效明显，专业发展水平提升较快。

舟山市高职专业设置与区域产业发展仍然呈现轻度失调，一方面是由于地理位置、自然资源所导致的区域经济水平较为落后，另一方面则是由于舟山市高职院校的专业设置在与区域产业匹配协调上仍然存在漏洞。现阶段专业设置大部分聚焦于船舶与海洋工程装备类，在海洋生物医药、海水综合利用、海洋新能源产业等海洋新兴领域上则是空白，仍有很长的专业建设道路要走。

三、浙江省高职专业设置适应区域产业发展的协调类型

地方高职院校作为责任主体，数量有限却使命重大。为更好地明确高职院校在实现专业设置与产业发展良好耦合的过程中需要承担的责任，本章聚焦具体高职院校，对地方高职院校在专业设置进程中如何适应区域产业发展进行分类讨论。

(一)政策引导型

1. 为区域产业转型升级和经济转型服务

根据《浙江省教育事业发展"十三五"规划》，浙江教育改革和发展于 2020 年在全国率先实现教育现代化，建成教育强省，教育主要发展指标达到发达国家平均水平。现代化对职业教育改革发展提出新的要求，赋予其新目标与新内涵，要求职业教育的专业设置、人才培养目标贴近市场需求，真正使人才培养和社会经济发展需求相结合。在此期间，浙江省产业转型升级与专业建设产生了许多互动。

以宁波城市职业技术学院为例，其遵循了"根植地方、依靠地方、服务地方"的特色发展道路。作为国家服务业综合改革试点城市，宁波市将服务业的快速发展作为促进经济社会转型发展的战略重点。宁波城市职业技术学院在推进宁波经济发展方式转变、全面建设现代化国际港口城市中作出重要贡献，确立了"来源于产业、根植于产业、服务于产业"的办学理念，围绕产业建专业，加大贸易物流、财会金融、旅游会展、城市园林、智能信息、创意设计六大专业群的建设力度，深化人才

① 从学校网站获得专业设置以及招生人数，根据表 6-1 的对应划分进行二次加工计算获得。

培养、加强科学研究。

2. 紧跟区域经济社会发展优化专业布局

浙江省围绕产业优化升级，规划布局信息、环保、健康、旅游、时尚、金融、高端装备制造、文化“八大万亿产业”，着力提升“浙江制造”在全球产业价值链中的地位。为贯彻落实《国务院关于加快发展现代职业教育的决定》精神，浙江省先后出台《浙江省人民政府关于加快发展现代职业教育的实施意见》和《浙江省人民政府关于推动我省高等教育新一轮提升发展的若干意见》，对专业设置调整提出相关要求，努力建成紧扣产业、结构合理、错位发展、特色鲜明的专业体系，提高专业与产业匹配度。各高职院校紧扣区域产业转型需求，及时调整专业方向，优化专业结构体系布局。

以浙江金融职业学院为例，为更好地服务浙江省金融万亿级产业，其通过建设地方金融发展研究院、跨境电商联合研究院、众诚信用评级研究院、云会计研究院，深化政产学研合作通道，形成学校—政府部门—行业—企业专家团队，推进智库成果转化；改造信息安全技术专业，开发建设互联网金融方向，并联合中国计量大学共同开办金融工程专业；积极服务长三角一体化国家战略，参与嘉兴科技金融改革创新试点工作，服务嘉兴地方金融机构数字化转型；构建“2 带 5”高水平专业群建设新格局，以金融管理、国际贸易实务 2 个中国特色高水平专业群为引领，带动投资保险、会计、工商管理、信息技术、文化创意 5 个高水平专业群建设。

3. 围绕区域产业科学编制专业发展规划

浙江省于 2014 年开启《高等学校专业发展规划》的编制，其审核结果作为各高校自主设置专业的主要依据，要求全省高校立足自身专业基础条件与特色，系统分析省内经济社会发展对高校人才培养数量、结构、层次、水平的新要求，从而科学谋划院校专业设置和建设目标方向。各高职院校在开展社会人才需求的充分调研后进行实时预测，基于院校自身办学定位与发展规划路径，制订专业发展的新目标，从而调整、增加或撤销专业。以人才培养为核心建设一批浙江战略新兴产业发展相关专业，为实现产业转型升级保驾护航。

以湖州职业技术学院为例，其主动适应经济发展新常态，围绕现代农业、现代装备制造业、现代服务业、文化创意等产业，致力于湖州市建设国家电子商务示范城市、全省智慧物流产业中心、全省地理信息产业中心、国际生态休闲度假城市等发展规划，以社会需求为导向，编制《湖州职业技术学院专业发展规划(2014—2018年)》和《湖州职业技术学院“十三五”事业发展规划(2016—2020 年)》，形成“智能制造、旅游管理、物流信息、现代商贸、建筑工程、创意设计”的“6＋N”专业群建设格局，开设了与地方产业体系相匹配的 33 个高职专业，其中 20 个专业分别与久立集团、金洲集团、永兴特钢、微宏动力等行业龙头、骨干企业开展“订单培养”，共建百余家校外紧密型实习实训基地。

(二)产业引导型

1. 与主导产业发展相适应

以杭州市为例，杭州在打好产业转型升级组合拳的进程中创造新供给、激活新需求，构建以信息经济为引领、以现代服务业为主导、以先进制造业为支撑、以都市现代农业为基础的现代产业新体系，推进产业迈向中高端，塑造"杭州质量"。杭州经济结构加速转型升级，服务业成为拉动经济发展的主要动力，自主创新能力成为产业结构优化升级的内在动力。

杭州职业技术学院紧密结合杭州市产业转型升级需要，坚持地方性、职业性和高等性，明确"立足开发区、服务杭州市"的办学定位，秉持"特色＋需求"的原则，结合学校实际对专业设置进行调整。学校地处大江东产业集聚区，该集聚区包含了长安福特汽车有限公司、纳智捷(杭州)置业有限公司、浙江西子势必锐航空工业有限公司等重要企业，其目标是打造成为"世界智能制造大走廊"，油烟机、电梯等与制造业相关的企业年产值可以达到几十个亿。目前，这些传统制造业均面临转型升级，对人才储备也提出新的需求。杭州职业技术学院的制造类相关专业的设置和调整都是为了服务周边产业集群的企业。

2. 与特色产业发展相协调

块状特色产业的发展是浙江省区域经济发展的重要特征，当前省内 11 个设区市和 96 个县(市、区、功能区)共有 85 个形成块状特色产业。以台州市为例，作为全国股份合作经济的发源地，民营经济是台州的最亮特色、最重底牌。作为长三角地区先进制造业基地、"浙江制造"的重要板块，台州市目前正在重点打造汽车及零部件、通用航空、模具与塑料、医药医化、智能马桶、缝制设备、泵与电机七大千亿产业集群。

台州职业技术学院对接区域特色产业布局重点发展专业，坚持"高教性、职教性、地方性"的"三性"办学定位，以服务区域经济发展为宗旨，秉承"源于产业、依托产业、服务产业"的专业建设思路。作为全国唯一的国家级化学原料药出口基地，台州市化学原料药出口占全省的 1/3、全国的 1/10，是全世界原料药采购的"超级市场"。为此，台州职业技术学院设立医学与制药工程学院，主要培养药品生产、检测质量管理与销售的一线技术技能型企业骨干人才及护理专业人才，先后设立生化制药、药物制剂、药品经营与管理专业，并将工业分析与检验专业改为食品药品检测专业。台州作为"中国模具之乡"，是全国规模最大、集聚度最高的模具生产基地。全市共有模具、配件及相应装备企业 2300 多家，模具产业链年产值超 400 亿，产业集群特征明显，黄岩已成为全国首个模具产品质量提升示范区。为此，台州职业技术学院设立了模具设计与制造专业，作为学校发展的重点专业。

3. 与战略性新兴产业发展相协调

战略性新兴产业能够引领带动经济社会全局和长远发展，具有知识技术人才密集、物资消耗小、发展潜力大、综合效益高等特征。高等职业教育要服务于区域经济的发展，因此人才的培养应与战略性新兴产业发展相适应。以舟山市为例，舟山群岛新区是全国首个以海洋经济为主题的国家战略层面新区，定位是建设成为我国海洋综合开发示范区、长三角地区主要的海洋产业集聚发展区和浙江海洋经济发展引领区。

浙江国际海运职业技术学院秉持“发展涉海专业，服务海洋经济，助推新区发展”的办学宗旨，紧紧抓住舟山群岛新区、中国（浙江）自由贸易试验区发展机遇，积极对接江海联运服务中心、绿色石化基地等国家战略和重大项目。为更好地服务海洋经济发展，推进国家级海洋科教基地建设，浙江国际海运职业技术学院顺应海洋经济发展，深化“海字号”特色专业集群建设，拓展、调整相应专业，做强海洋运输专业群，做大船舶工程专业群，做深港口管理专业群，做精海洋旅游专业群，发展港口工程专业群。现开设航海技术、轮机工程技术、船舶电子电气技术、港口与航运管理、船舶工程技术、机电一体化技术、港口机械与智能控制、飞机机电设备维修等 25 个专业，涉海类专业比例达 80％、在校生比例达 88.6％。

通过进一步对焦浙江省高职专业设置与区域产业发展情况，以及对浙江省高职专业设置适应区域产业发展的典型院校的分类探讨，可以发现实现高职专业设置与区域产业协同发展不外乎以政策引领为导向和以产业发展为导向两种模式。

将协调模式与耦合协调模型联系起来看，以政策引领为导向进行专业设置调整的典型院校所在地级市的耦合协调等级与类型分别为：宁波（勉强协调——高职专业设置滞后型）、杭州（初级协调——高职专业设置滞后型）、衢州（中度失调——高职专业设置滞后型）、湖州（濒临失调——高职专业设置滞后型）。以产业发展为导向进行专业设置调整的典型院校所在地级市的耦合协调等级与类型分别为：台州（濒临失调——高职专业设置超前型）、舟山（轻度失调——高职专业设置超前型）。

由此可见，不同协调模式的耦合等级与所在地级市经济发展水平、产业转型升级进程相关而不尽相同，耦合类型则显示出一定规律，即以政策引领为导向的地区多呈现高职专业设置滞后型，而以产业发展为导向的地区多呈现为高职专业设置超前型。

第二节　高等职业教育与区域产业协同作用机理

高等职业教育的跨界性使得高等职业教育系统与外部环境系统的不同主体存在多元互动关系。区域产业布局情况是高等职业教育发展的重要外部驱动因素，在二者的复杂动态协同互动过程中体现出有规律可循的协同作用机理。

一、政府政策是高等职业教育与区域产业协同发展的直接推动力

为了促进高等职业教育的发展和区域产业的发展，各级政府会出台相关政策文件进行规范、引导、激励。从 20 世纪 80 年代建设短期职业大学以来，高等职业教育受到不同时期国家职业教育政策的影响，表现出明显的项目化特征。国家教育主管部门和地方政府为了促进职业教育的发展，在不同时期出台了相关的政策法规，引导不同时期我国职业教育的发展。教育政策是公共政策的基本类型之一，是政府和教育管理部门依据一定时期内的教育目标和方针，通过对多元主体关系及利益的综合考量而制定的行为规范与准则，具有目的性、系统性和规范性等特征。① 从其本质来看，教育政策是对资源的配置过程，是一种价值选择过程，是一种权力运转的政治过程，也是一种政治系统的输出结果。② 高等职业教育带有明显的属地管理特征，也受到了各级政府政策法规体系的影响。国务院教育行政部门承担着全国职业教育的宏观管理和统筹规划职责，省、自治区、直辖市人民政府领导本区域内职业教育的各项工作，县级人民政府在本区域中等职业教育的多样化协调发展过程中承担具体的工作职责。各级政府通过各类政策法规引导职业教育的发展，促进职业教育产教深度融合。

高等职业教育在发展过程中存在的各类问题，是相关政策形成的重要触发机制。一般而言，与高等职业教育发展相关的各类问题在成为政策问题、进入程序议定之前，会经历“问题→社会问题→公共问题→公共政策问题”③的不同发展阶段。在高等职业教育发展过程中，会存在各个领域、各个层面的问题。高等职业教育发展过程中的主要问题将成为各级政府制定相关政策文件时的“问题源流”。当“问题源流”“政策源流”“政治源流”三源交汇时，政策之窗就会被充分打开，高等职业教育发展过程中存在的相应问题将会被提上日程，并最终形成促进高等职业教育更好发展的系列政策文件。如此循环往复，形成不同时期高等职业教育的发展政策。从时间维度来看，为了促进高等职业教育更好发展，在国家层面先后出台了《中共中央关于教育体制改革的决定》《国务院关于大力发展职业技术教育的决定》《中华人民共和国职业教育法》《国务院关于大力推进职业教育改革与发展的决定》《国务院关于大力发展职业教育的决定》《国务院关于加快发展现代职业教育的决定》《国务院办公厅关于深化产教融合的若干意见》《职业学校校企合作促进办法》《国家职业教育改革实施方案》等系列政策文件。与此同时，为了促进高等职业教育与区域产业更好地协同发展，地方也出台了一系列政策法规和规划文件。在本书的案例中，天津市出台了《关于做大做强做优职业教育的八项举措》《教育部 天津市人民政府关于深化产教城融合打造新时代职业教育创新发展标杆的意见》，江苏省出台了《江苏省职业教

---

① 孙绵涛：《教育政策学》，22 页，北京，中国人民大学出版社，2010。

② 陈学飞：《教育政策研究基础》，60 页，北京，人民教育出版社，2011。

③ [美]弗朗西斯・C. 福勒：《教育政策学导论》，156 页，南京，江苏教育出版社，2007。

育校企合作促进条例》《教育部 江苏省人民政府关于整体推进苏锡常都市圈职业教育改革创新打造高质量发展样板的实施意见》等政策文件，深化高等职业教育与区域产业协同发展。各级政府产业端和教育端的政策体系成为高等职业教育与区域产业协同发展的直接推动力，有效推动了高等职业教育与区域产业协同发展。

二、产业需求是高等职业教育与区域产业协同发展的重要驱动力

区域产业系统与高等职业教育系统在协同发展过程中表现出明显的产业需求驱动机理。在高等职业教育与区域产业协同发展过程中，高等职业教育能够为区域产业的发展提供技术技能型人才的输出、技术专利的转让、社会培训的供给等各类资源，通过各类资源的输出促进区域产业经济的发展。反之，区域产业能够为高等职业教育提供人力资源、物力资源和财力资源等发展所必需的资源。在高等职业教育与区域产业协同发展过程中，将会基于多维的要素和多元的机制形成不同的协同互动途径和协同互动关系。区域产业和高等职业教育的互动并非简单的点对点的线性关系，区域产业结构的复杂性会使得二者的关系也存在复杂性，区域产业结构将直接影响所在区域高等职业教育专业的布局情况。与此相对应，特定区域高等职业院校的专业布局也将影响区域产业结构的转型升级和发展。在本书的案例中，天津市紧紧围绕习近平总书记提出的“一基地三区”建设，坚持推进高质量发展，全面落实京津冀协同发展重大国家战略和“一带一路”建设各项任务，加快构建现代化经济体系。在产业布局方面，天津市重点围绕高端装备、新一代信息技术、航空航天、节能与新能源汽车、新材料、生物医药、新能源、节能环保、现代石化和现代冶金等相关产业，大力发展以智能科技为引领的战略性新兴产业，推动传统产业优化升级，努力形成技术领先、配套完备、链条完整的先进制造产业集群。根据上述产业发展和布局现状，为了进一步促进高等职业教育的发展，天津市进一步完善产业、行业、企业、职业、专业“五业联动”，紧密对接“1＋3＋4”产业体系，实施专业群对接产业群工程，重点建设云计算、大数据、人工智能等一批优质专业群。绘制职业教育专业建设与产业发展谱系图，建立职业教育专业质量评价、专业预警调控机制，优化调整专业布局，重点建设云计算、大数据、人工智能等相关专业，着力升级改造传统产业相关专业。谱系图的绘制更加明确了职业教育专业发展对接产业需求的具体指向，并为专业建设提供了方向指导。

高等职业院校在专业布局过程中，以相应区域的产业布局为依托，紧跟区域产业发展趋势实现与区域产业协同发展。为了更好地服务于区域产业发展的现实诉求，高等职业院校必须时刻保持对产业系统布局结构和发展趋势的敏感性，并且保持动态调整。高等职业教育与区域产业的同频共振很难通过一次调整实现一劳永逸的协同。区域产业中所应用的各项技术存在着复杂的动态循环过程，即在发现老问题的过程中不断采用新技术，相关新技术在生产实践中的运用将会引起新问题，这些新问题的解决又需要更新技术的运用。在产业技术尤其是互联网技术飞速发展的今天，技术的更新与迭代升级将加速区域产业结构的转型升级。特定区域的高等职

业教育系统为了保持与区域产业的协同发展，必须对区域产业的变化保持敏感性，区域产业的变迁也将深刻影响特定区域的高等职业院校专业布局的调整和优化。在高等职业教育与区域产业协同发展的过程中，不同时空背景下的产业需求是影响二者协同发展的重要驱动力。

三、外溢效应促使高等职业教育与区域产业实现更大范围协同发展

高等职业教育作为区域产业发展所需要的技术技能型人才的重要供给方，能够通过技术技能型人才的培养和专利技术转让等实现更大范围的溢出效应，特别是知识的溢出。溢出(spillover)在经济学中主要用于描述一个主体的行为对其他福利的影响，特指某项活动的外部性。溢出具有多态性，新经济增长理论认为，溢出效应是规模报酬递增的主要来源。区域溢出的一个重要基础是空间相互作用，两个区域之间存在着信息流动、商品流动、资金流动、人口流动、学生入学等不同的相关作用载体。区域空间的相互作用使区域改变了之前原有的状态，如知识获得、资本增加和人口变化等。溢出的地理特点主要表现在其空间性和区域性两个方面。溢出的空间性主要是基于地理学的第一定律，即事物之间存在广泛的联系，距离越近，各类复杂的联系也越紧密。溢出的区域性是指区域溢出面临着一个多区域的系统，任何溢出都是在一定的区域经济系统之间发生的。与高等职业教育关系最为紧密的知识溢出的主要途径包括人们通过专业、社会或民间组织开展正式或者非正式的交流，高职院校的毕业生就业等。

高等职业教育所带来的区域知识溢出，主要是因为知识具有与公共物品类似的非竞争性。在不同的时点上，对某一类技术技能知识的掌握并不排斥其他人对该类知识的获取和习得，从而带来了知识广泛的共享和外溢特征。正是由于高等职业教育具有知识溢出效应的优势，使得不同区域的高等职业教育之间、产业之间实现了更大范围的协同发展。例如，在本书研究的区域案例中，珠三角城市群在不断调整优化产业结构与发展中形成区域内合理的产业分工体系。广东省高等职业院校积极探索产教协同新机制、新模式，与产业、行业、企业组织等共建职教联盟，共商共议共谋发展。职教联盟以资源共享、优势互补、协同创新、合作共赢等为目的，整合政、校、行、企、研多方资源，搭建合作交流平台，推进产教融合、校企合作的创新发展，成立了粤港澳大湾区职业教育联盟、华南“一带一路”职业教育水利电力联盟等特色职教联盟。高等职业教育作为与经济发展、产业优化关系最紧密的一种教育类型，伴随着区域产业分工体系与产业价值链的形成与发展，相互联动、相互赋能，形成一个协同发展的共同体。

不同区域之间产业和高等职业教育的溢出效应，使得各地围绕当地特色产业以大型产业园区和重点骨干企业为中心，引导教育、人才等要素集聚，建设产业主导型产教融合发展集聚区，从而实现跨区域合作与优势互补，集合优势资源培养高素质人才。在本书的案例中，苏州、无锡、常州发展阶段相似、水平相近、文脉相通，同处改革开放最前沿，作为一个都市圈受到广泛认同和关注。从产业结构来

看，苏州、无锡、常州三市拥有雄厚的制造业基础，在装备制造、电子信息、高端纺织、生物医药等领域具备了国内首屈一指的垂直整合能力。对此，《苏锡常都市圈发展行动方案(2022—2025年)》聚焦合力打造高质量发展示范区，部署实施产业科技创新高地共创行动，提出共建沿沪宁产业创新带、发展产业智造服务联盟、实施数字经济赋能工程、营造良好创新创业生态。通过区域之间的广泛合作，更好地发挥了高等职业教育的人才辐射功能和知识溢出效应。更大范围、更大区域的合作也使不同高等职业院校在保持自身办学理念和办学传统的同时相互取长补短、错位发展，从“共生”到“共建”再到“共融”，按照“信息共通、资源共建、人才共育、成果共享”原则培养更高质量的技术技能型人才，促进教育链、人才链、产业链、创新链“四链”有机融合，在高等职业教育和区域产业的显著外溢效应下实现更大范围的高等职业教育与区域产业协同发展。

第七章

高等职业教育与区域产业协同发展的优化路径

第一节　高等职业教育与区域产业协同发展的现实困境

高等职业教育与区域产业协同发展的过程基于特定逻辑，由点连线、从线到面，促进高等职业教育多元实施主体的有效互动与协同。为了实现更持久、更稳定的产教融合关系，还需在各主体充分互动的基础上，通过多元方式打造相互依存、休戚与共的产教命运共同体，确保共同体中的高等职业院校和行业、企业等不同主体形成“你中有我，我中有你”的持续、深入、稳定的合作关系。在当前的实践中，通过对职业教育集团、现代产业学院等不同形式产教命运共同体的打造，充分调动了职业院校、政府机构、行业组织、企(事)业单位、研究机构和社会组织等多元主体参与职业教育的积极性，实现了各类优质资源的共建共享和不同主体比较优势的互补。不同形式产教命运共同体的打造有效消弭了高等职业教育与产业系统之间的鸿沟，打通了产教融合的“最后一公里”，实现了高等职业教育的产教深度融合。但是，高等职业教育与区域产业协同发展在单个城市、同一省域不同城市之间等不同层面都存在相应的实践困境。

一、单个城市内的高等职业教育与区域产业协同发展问题分析

当前，天津市经济社会正在经历一个迈向高质量发展阶段的过程，迫切要求优化经济结构和转换发展动能，迫切需要通过产教城协同发展实现职业教育的优质教

育资源与产业的优质资源有效对接，促进资源共享，实现优势互补，释放全社会创新创业活力。紧紧围绕天津市“一基地三区”建设，坚持推进高质量发展，加快构建现代产业体系和现代职业教育体系。天津市拥有一批高质量发展的职业院校，也拥有一批高质量发展的企业。多年来的产教融合发展，已经逐渐形成了与天津市重大产业领域相对应的人才培养体系，培养了一大批不同层次的优秀人才，有力地支持了天津市经济社会发展。高等职业教育与天津市产业协同发展有力地促进了天津市经济社会发展，为天津市职业教育发展提供了强大动力，同时，也为其他地区职业教育改革提供了经验和借鉴。高等职业教育与天津市产业协同发展的“五业联动”模式、“双园互动”模式、“区校互动”模式等是近年来天津职业教育发展的重要成就，这些产教城协同发展模式是产教融合的升级版，是在职业教育产教融合的基础上进一步结合天津区域经济发展特点和城市发展定位逐渐探索出的新模式。当然，天津市高等职业教育的产教城协同发展也面临一些需要解决的问题。

一是天津市行业、企业办学的优势面临挑战。天津市有着悠久的职业教育发展史，凭借拥有我国北方第一大港的优势，天津市的近代工业起步较早，职业教育也随之发展较早。天津市现代职业教育自其诞生之日起，就始终坚持为产业发展服务。这是因为天津市最早的职业教育就是由行业、企业举办的，并延续至今，已经成为天津市职业教育的最大特色，也是其一直领先全国的重要原因。① 但是，随着国有企业混合所有制改革的推行，国有企业办学校的职能逐渐被剥离。目前，天津市职业院校企业主办方中，建工集团已经成功混改，退出职业学校主办方序列；中环电子信息集团中，7 家公司已挂牌混改，涉及职业院校 10 所；渤海轻工集团所属 3 家子公司挂牌混改，涉及职业院校 6 所；渤海化工集团所属 2 家子公司准备挂牌混改，涉及职业院校 3 所。企业混改转制后退出主办方，原有的校企合作优势、兼职教师交流等办学特色难以保持。

二是职业教育专业建设与产业发展的协同机制有待进一步深化。为厘清天津市高职重点产业市场需求与学校相应专业匹配情况，依据 2021 年数据，通过对天津市企业需求情况和高职数据进行梳理，得到其在不同指标上的比例情况。从人才培养现状来看，天津市重点产业链与高职在校生数量匹配情况大致呈现两种特征。首先，部分产业链需求与高职专业人才培养关系上呈现后者培养不足情况。轻工产业链、汽车和新能源汽车产业链、新能源产业链市场需求占比 41.77%、19.11%、12.03%，相应专业(群)在校生比例分别为 7.84%、15.81%、4.06%，未能达到市场对人才的需求数量。其次，部分产业链需求与高职专业人才培养关系上呈现后者培养过剩情况。航空航天产业链、高端装备产业链、生物医药及中医药产业链、集成电路产业链、车联网产业链、信创产业链市场需求占比分别为 0.7%、4.25%、0.27%、6.65%、0.71%、6.37%，相应专业（群）在校生比例分别为 6.07%、

① 霍丽娟：《区域发展背景下产教融合度的评价及优化策略研究》，载《中国职业技术教育》，2020(21)。

14.72%、10.72%、9.79%、9.68%、15.12%。这说明，天津市职业教育专业建设与产业发展的协同机制尚不健全，部分专业人才培养与产业行业需求存在脱节现象，人才培养规模和质量不能适应区域经济社会发展和产业升级的实际需求。

三是高等职业教育的产教城协同发展程度不高。天津市高等职业教育与城市协同发展取得了非常大的成效，形成了众多典型，但是这些产教城协同发展案例仍处于一种相对松散的状态。职业院校中，有的参与产业发展的积极性不高，有的参与产业发展战略制定的能力不够，有的参与城市发展的信心不足。同时，一些企业参与产教融合、校企合作的积极性也不高，特别是那些拥有先进技术和先进装备的企业，它们认为从职业院校得不到应有的支持。同时，校企双方的沟通渠道不完善，存在信息不对称的问题。① 而且，一些职业院校为了招收更多的学生，设置了许多与学校发展定位不符的专业，盲目地追求专业设置的全面性，忽略了学校自身发展的能力。不仅难以培养出满足天津市产业发展需要的高素质技术技能型人才，也难以为学生提供优质的教育资源，无法增强学生的市场就业竞争力。再有，产教城协同发展涉及众多政府部门、行业、企业、职业院校等多方利益主体，这些主体之间的协同推进机制尚未完全建立。

二、省域内高等职业教育与区域产业协同发展问题分析

(一)城市间高等职业教育与区域产业协同发展的深度不足

珠三角城市群涵盖深圳市、广州市、佛山市、东莞市等多个城市，不同的城市都进行了人才培养模式、职业教育联盟、职业教育产业学院、职业教育园区等多种产教融合模式的探索。但是，各城市在高等职业教育与区域产业协同发展中仍然存在深度不足的问题。一方面，各城市间的联动“名存实亡”。各城市在产教融合的模式探索中存在“各自为政”的问题，并未真正打破城市间的界限，在城市间建立起良好的合作发展机制与协调沟通机制等。大多数职业教育联盟、职业教育集团等都是名义上的跨区域，并没有实质性的举措与具体可操作的方案。另一方面，珠三角城市群高素质技术技能型人才不足与高职毕业生就业困难的矛盾仍然存在。高职院校的学生在选择专业时更倾向于选择以新一代信息技术为主的专业，这就造成高等职业教育专业设置贴合区域产业需求，但是学生却在部分专业扎堆的问题。

(二)区域内各城市高等职业教育与产业协同发展水平不均衡

由于区域内各城市的经济发展水平与产业发展水平不同，其高等职业教育与产业协同发展水平也存在一定的不均衡现象。一是未形成均衡发展的政策体系。在政策文件的支撑作用中，珠三角城市群内由于各城市引进技术技能型人才的激励政策各不相同，这在一定程度上限制了技术技能型人才流动。不同城市技术技能型人才的落户政策不一致，致使技术技能型人才可流动但是留不住。此外，企业参与的激

① 《关于印发天津市产教融合型试点城市建设实施方案的通知》，天津市发展和改革委员会网站，2022-09-26。

励政策的不同也会导致技术技能型人才过度集中在经济发展水平更高、激励政策更完善的城市。二是区域间高等职业教育与产业协同发展水平的均衡化发展进程缓慢。珠三角城市群内划分为“广佛肇＋清远、云浮、韶关”“深莞惠＋汕尾、河源”“珠中江＋阳江”三个新型都市区，分别通过广州、深圳、珠海这些经济发展较好的城市辐射带动周边城市的发展，但是对各区域的高等职业院校并未起到实质性的辐射带动作用。因而，区域内各城市高等职业教育与产业协同发展水平不均衡，或者可以说是均衡化发展进程缓慢。

(三)支撑区域产业升级优化的高等职业教育应用性研究不足

支撑区域产业升级优化的高等职业教育应用性研究是高等职业教育服务区域产业的重要方面。高等职业教育进入提质培优的类型化建构阶段，其与区域产业的协同发展不仅在人才资源供给中具有重要意义，在技术应用创新与应用技术开发方面也具有重要价值。然而，当前阶段珠三角城市群的高等职业教育与区域产业协同发展更多地停留在人才培养与合作办学的层面。深圳市虽然开展了一些技术创新中心的尝试，但是跨区域、跨行业、跨主体的技术创新与研究仍然不足。一是省域内城市群的高等职业教育与区域产业协同发展仍然处于初级阶段，其功能发展仍未完善，大多仅在亟须培养的人才层面。二是支撑区域产业升级优化的高等职业教育应用性研究的高职院校的发展水平仍未能满足跨区域的技术服务工作。

三、跨城市高等职业教育与区域产业协同发展问题分析

(一)苏锡常都市圈成员城市协同发展机制有待进一步完善

随着《教育部 江苏省人民政府关于整体推进苏锡常都市圈职业教育改革创新打造高质量发展样板的实施意见》的出台，苏州、无锡、常州分别针对苏锡常都市圈职业教育改革创新发展提出了各自的发展战略，这为高等职业教育与苏锡常都市圈产业协同发展打好了坚实的基础。然而，苏州、无锡、常州的高等职业教育与区域产业协同发展还处于分立发展期，三者推进苏锡常都市圈高等职业教育与产业协同发展的合力不足。这主要表现在苏州、无锡和常州虽然分别出台了具体的推进苏锡常都市圈职业教育改革创新高质量发展的实施方案，但各个地区的实施方案更多是聚焦在本地区的高等职业教育的发展特点和产业发展需求上。这种块状分割的协同推进举措难以形成“1＋1＋1 ＞3”的效果。这一方面源于苏锡常都市圈职业教育改革创新高质量发展实施时间不久，苏锡常都市圈成员城市不管在产业协同还是在高等职业教育发展协同上都处于磨合期，需要在磨合中寻找合作点；另一方面源于苏州、无锡和常州三地的主导产业之间属于协同互补的关系。

(二)苏锡常都市圈产教融合深度有待加强

当前，苏州、无锡、常州三市在国家和江苏省政策的引领下分别出台相应的文件，支持产教融合、校企合作，但是在实践层面还存在问题。其一，职业教育人才培养的数量和质量无法支撑区域产业升级。虽然苏州、无锡、常州三市都在先行先试“中职—高职—本科—专业硕士”一体化人才培养体系，但总体而言，贯通培养的

试点专业数量较少，本科层次(职业本科和应用型本科)、硕士层次的人才数量和专业结构无法匹配苏锡常都市圈产业结构调整和转型升级的速度。其二，校企合作不够深入，行业、企业尚未深入内嵌到职业教育办学的全过程，校企互利共赢的长期合作机制有待完善。其三，专业布局和优质资源共享机制有待进一步完善。苏锡常都市圈城市职业教育办学最大的优势在于集约化，但是无论是职教园还是职教集团，其专业设置均存在重复性，或者是高职院校没有及时调整专业目录，无法适应新兴产业发展的需要。职教园、职教集团内部的资源共享机制也有待优化。其四，高职院校办学质量和社会服务能力有待提高。苏南地区产业更迭速度较快，与之相匹配的岗位和职业能力结构也会发生变化。然而，高职院校在办学过程中没有及时做到专业设置与产业需求对接、课程内容与职业标准对接、教学过程与生产过程对接。与此同时，高职院校没有充分发挥对外技能培训职能，导致区域内新兴产业技能人才短缺、队伍结构不合理。

第二节　高等职业教育与区域产业协同发展的优化路径

推进职业教育产教城协同发展需要多元主体的协商，而不同主体对职业教育产教城协同发展有着不同的利益诉求和期望。这些利益诉求和期望可能与职业教育发展政策或者产业发展政策目标相符合，也可能与职业教育发展政策或者产业发展政策目标相冲突。不同的利益诉求容易导致不同主体之间产生矛盾，在这种情况下，当不同主体之间发生利益冲突时，必然会基于自身利益诉求进行博弈。博弈策略的选择构成的纳什均衡，就是职业教育产教城协同发展问题产生的根源所在。因此，应调整政府、行业、企业、职业院校等主体之间的利益关系，在利益整合的基础上，实现职业教育产教城协同发展主体之间的有效合作。

一、加强政府政策供给，优化体制机制设计

政府组织是由不同层级的政府和各政府部门构成的一个纵横交错的权责体系，所以政府组织间的职权划分就包括不同层级的政府之间的纵向职权划分和各政府部门之间的横向职权划分。因此，要从根本上解决因政府组织间职权划分不当造成的职业教育产教城协同发展困境，需通过制度化的途径将权力和利益分离，进一步完善政府组织间的职权划分，保持政府部门间的职权关系相对稳定。虽然我国政府已经建立了一套与市场经济体制相适应的行政管理体制，但始终没有形成机构编制管理的专项法律法规，造成政府部门间的职能交叉现象时有发生。因此，对于各政府部门的具体职能划分以及内部机构设置等，需要健全机构编制的专项法律法规。这

样可以将政府部门的职能配置纳入法治化轨道，使政府部门内部的机构设置有法可依，避免政府部门之间因机构设置不规范而造成的职能交叉以及由此导致的产教融合发展问题。[①] 具体而言，要充分发挥教育行政部门和行业主管部门的办学主体作用，优化行业、企业办学职能，压实教育行政部门在职业教育发展过程中的第一责任，落实行业主管部门对产教融合、校企合作的主要责任，推动其他政府部门协同配合，逐步形成教育行政部门和行业主管部门职责清晰、同向发力的产教融合协同推进机制。[②]

深化政府“放管服”改革，加强省级政府的宏观调控，为高职专业设置提供导引。政府根据地方国民经济和社会发展规划纲要，结合经济社会、产业发展实际情况及特征，将高职专业建设归入区域整体经济社会发展计划。从区域产业结构调整和经济发展速度出发，制订兼具全局性、整体性与指导性的高职专业设置规划方案，为高等职业教育实现科学健康的发展布局谋篇。

加大对重点专业和紧缺专业的投入，形成对新办专业的有效扶持机制。政府应从全局角度出发，把握区域高职院校的专业发展，积极引导社会发展需求旺盛的新兴专业，删减陈旧落后专业；借助相关政策引导高职院校向产业转型升级的方向进行专业设置调整。针对冷门专业和符合未来产业发展走向的战略性新兴产业、重点发展产业，政府应当以适当的政策支持和财政补贴鼓励有条件的高职院校开设。只有当高等职业教育经费充足、扶持机制完善时，资源分配才能更多惠及不同社会背景下各地区的社会成员，从而使经济增长的成果反馈给高等职业教育，高等职业教育的进步再继续促进经济增长，形成二者间的良性互动，以达到优质耦合协调。

落实高职院校办学自主权，下放专业设置权限。加快转变政府职能，进一步落实简政放权，明确政府对高等职业教育的管理职责与权限；明确高职院校的办学权利和义务，稳固高职院校的办学主体地位，鼓励社会力量的支持与监督，进而形成政府宏观调控、高职院校自主办学、社会力量参与支持的多元办学格局。力图实现政府从“注重办学”向“管理服务”的转变，其对高职院校的管理重点是政策引导与把握整体办学方向。政府借助财政拨款、政策指导等行政手段进行宏观调控，提升高职院校专业设置的主动性与灵活性；切实将专业设置放权给地方高职院校，鼓励高职院校办出特色以实现真正的办学独立，并进一步调整优化学科专业。压实地方主责，探索完善高职院校自主办学的有效机制，从而为高职院校专业设置提供良好外部环境。

提高职业教育制度设计能力。首先，政府应充分听取行业、企业、职业院校等主体的意见，结合相关领域专家的论证，在政策试点先行先试经验的基础上制定职业教育制度。科学的职业教育制度应该是充分反映各方利益诉求的制度。在我国职

---

① 金太军：《公共政策执行梗阻与消解》，298 页，广州，广东人民出版社，2005。

② 李阳：《改革开放以来我国职业教育产教融合政策工具选择研究》，硕士学位论文，陕西师范大学，2021。

业教育制度制定过程中，政府拥有最终决定权。因此，政府应在制度制定之前、制度制定过程中、制度执行等环节认真调研，听取各方意见，破除既得利益集团干预，畅通弱势群体的利益表达渠道，完善维护弱势群体教育权益的制度，真正反映和维护各方利益。其次，完善职业教育制度执行机制，科学的职业教育制度需要落实才能见效。在我国现行政治体制下，政府既是职业教育制度的制定者和执行者，也是职业教育制度执行情况的监督者和检查者。① 政府通过层层向上负责的科层制组织执行职业教育制度，但是科层制组织的常规机制在职业教育制度的执行过程中往往造成资源浪费、信息反馈不及时和执行效果不明显等问题。因此，需要建立和完善长效的职业教育制度执行机制。具体而言，职业教育治理的权力运行必须合乎法律法规，以宪法和法律为准绳，实现职业教育治理的法治化、规范化、制度化、有序化。同时，应建立社会公众参与问责的职业教育治理机制，所有的职业教育制度的制定和执行必须以服务社会公众为导向，体现公共利益。

二、聚焦区域产业需求，深化专业产业互动

进一步推进区域内高等职业教育的提质培优。为适应区域内产业协同、区域一体化发展的进程，高等职业教育的发展水平也需不断提高，以获得更强的竞争优势。高职院校要主动适应区域发展的新格局，服务区域产业优化升级，通过专业建设、人才培养改革、产教融合平台建设等提高人才培养质量，提升高等职业教育毕业生就业竞争力。一方面，区域内高等职业院校要聚焦培育发展战略性支柱产业集群和新兴产业集群，进一步完善专业随产业发展动态调整机制，加快推进人工智能、工业互联网等新专业建设，用信息技术改造传统专业，加强特色专业群建设，避免专业同质化，提升专业内涵建设水平；另一方面，区域内高等职业院校要主动适应产业变革对技术技能人才的新要求，深化校企合作，全面推行现代学徒制试点、新型产业学院、跨区域职业教育联盟等“校企精准对接、精准育人”模式，培养学生就业核心竞争力，从培育人的本质上推动高等职业教育的发展。此外，继续加强示范性、高质量的高等职业院校与重点专业群的建设项目的推进与落实，通过“以点带面、以先进带落后”的方式，推动高等职业教育与区域产业协同发展质量的提升。

深化校企合作，提升高职院校和企业在人才培养中的联结度。人才的培养应由高职院校和区域产业共同承担。高职院校应当打破原有封闭办学模式，主动对接区域产业发展需求，广泛吸纳社会力量参与办学，为搭建“校企合作、工学结合”平台打造良好生态环境。② 基于政府的统筹与支持，在校企合作上方能形成有效合作模式与机制，校企合作才能够真正实现双赢互惠。完善校企合作体制机制，实现企业

---

① 潘海生、李阳：《从管理到治理：我国职业教育治理的变迁逻辑与未来走向》，载《高等工程教育研究》，2022(5)。

② 丁金昌：《高职教育对接区域经济的现状分析与路径选择》，载《高等教育研究》，2013(3)。

人才需求和高职院校人才培养的对接。推进行业、企业参与高等职业教育教学的积极性和主动性，建立以政府为主导、以高职院校和企业为主体、以行业协会为中介的校企合作发展机制。通过“政府搭台、校企合作”的形式，推动企业与院校在不同层次、领域的交流合作，促进职业教育改革与发展，落实高职院校产教融合，以此实现高职院校的专业设置与区域产业的联结。

打造符合需求的职业教育体系，为区域产业发展输送动力。现阶段人才培养供给侧和产业需求侧尚不能完全对应，频发的“抢人”大战某种程度上反映了各地对人才的旺盛需求。只有建立健全产业需求导向的职业教育人才培养模式，打造符合社会发展需求的职业教育体系，才能解决人才供给与产业需求间的结构性矛盾。

搭建人才供需大数据平台，及时发布职业教育产教对接谱系图。为适应产业转型升级，各职业院校积极优化专业布局，深化办学体制改革，带动就业并适应产业发展需求。但在实际工作开展中，信息不对称以及人力、技术和资源等方面的制约影响着各职业院校专业(群)建设发展工作的效率和质量。2020 年 9 月，《职业教育提质培优行动计划(2020—2023 年)》明确提出：“深化职业教育供给侧结构性改革。建立产业人才数据平台，发布产业人才需求报告，促进职业教育和产业人才需求精准对接。研制职业教育产教对接谱系图，指导优化职业学校和专业布局。”面对“专业设置不合理”“人才培养供给侧和产业需求侧不相符”等痛点，政府应当协同相关部门聚焦职业教育供需关键问题，打破职业教育与产业人才需求之间的藩篱，解决供需信息不对称；制定人才供需状态数据发布制度，为高职院校提供人才需求变化的第一手信息以作为专业调整决策依据；统计企业用人岗位需求并对外发布，利用 AI 大数据技术赋能，研发产教对接谱系图的编制模型，促进职业教育和产业人才需求精准对接。与此同时，政府参与各区域产业的发展规划，指导研制产业人才需求与专业设置指导报告，绘制专业与产业发展的谱系图，持续开展行业需求预测，为职业教育专业优化调整提供可靠依据。

建立实时的动态预警调整机制，增强专业与产业匹配度。政府和高职院校要及时联动，组建专业设置指导委员会开展评估，建立动态发布专业预警名单制度。省教育厅参考专业预警名单，对高职院校所提交的专业设置申请给出相应意见，对高职院校系统科学地设置专业进行监督。基于对区域产业发展现状与需求、高职院校专业布局以及市场就业率等维度的综合分析，确认“红黄绿牌”专业名单。高职院校应当关注所设专业对经济社会和产业发展的贡献度，对人才培养与产业需求不匹配、就业率和社会认可度持续较低的专业及时调减招生计划；统计就业对口率、离职率、专业满意度、专业对经济社会和产业发展贡献度等指标，检验专业建设和人才培养质量；牢牢把控招生入口和就业出口的关键环节，倒逼专业设置与区域产业发展彼此相适。职业教育产教对接谱系图根据人才需求变化为高职院校提供专业调整的第一手信息，以此为据形成区域政府和学校两级专业预警和动态调整机制及专业调整长效机制，从而改善高职院校专业设置滞后于区域产业发展的现况。只有充分考虑专业设置的可行性、实效性和针对性，才能解决人才培养中“短缺”与“过剩”的矛盾，降低高职教育供给侧和区域劳动力市场需求侧间的错配成本，助力现代产业体系建设和区域均衡协调发展。

立足区域特色产业布局，专业设置适度超前。高职院校对专业设置进行宏观调控和主动调整过程中，需要适应产业发展需求，不断跟进。高等职业教育专业设置与区域产业结构密切相关，产业结构是高等职业教育人才培养与社会人才需求连接的关键，决定技术结构和就业需求，而技术结构和就业需求决定着区域劳动力结构，影响着专业设置。高等职业教育专业设置要立足于区域特色产业集群，适度超前于产业发展阶段，实现资源与需求导向相结合。充分发挥高职院校的主观能动性，遵循适当早于区域产业调整的原则。根据产业发展和教育规律对专业设置进行判断和调整，通过专业升级为区域产业的转型升级做准备。其一是立足于现实需要，基于产业结构快速变动、技术结构不断更新、创新能力要求逐渐提高的大背景，解决职业教育的现实适应性问题；其二是考虑产业经济发展的未来需要，促使职业教育专业发展引导经济和社会的发展。高职院校专业设置适度超前，有利于培养适应国民经济远景规划的储备人才。由于高等职业教育自身研究成果、人才培养具有滞后性，存在被实践推着进步的现象。高等职业教育培养高素质技术技能型人才的周期在 3 年以上，而产业发展瞬息万变，如果等市场反馈出对某类人才需求增加，高职院校再去设置相关专业，是不能及时满足市场需求和产业发展的。因此，高职院校应当成立相关职能部门，研究区域产业发展现状和变化趋势，以产业结构演变规律为依据，运用定性和定量相结合的方法预测市场人才需求变化。高职院校以预测结果为参考依据调整专业设置，从而避免被动性与盲目性，还能有效防止因缺乏规划而产生的专业在低水平上重复设置、人才结构比例失调等问题，保障资源的有效合理配置，提高办学效益。

有效对接区域产业需求，积极调整高等职业教育专业设置。高等职业教育专业设置除遵循产业与教育对接融合的内外部逻辑外，还需要将当下规划与长远布局相结合。高职院校一方面立足于当下区域产业发展需求，梳理分析产业链与技术链的现状与发展趋势，以明确市场对技术技能型人才的数量、结构和层次的要求，将对区域产业发展的认知转化为专业设置的行动实践；另一方面掌握高等职业教育发展的内部逻辑，把握专业、专业群建设规律，设计合理的专业(群)设置模式和方向，升级传统专业内涵，提升专业设置前瞻性。高职院校应以国家和地区的中长期教育改革和发展规划纲要为引领，基于充分的市场调研和分析论证制订专业发展规划，系统开展学校的专业建设工作。充分利用专业设置自主权，加强与行业、企业的合作交流，积极争取政府部门的支持，不断优化专业结构，缩减或淘汰落后专业，巩固成熟专业，新增和发展新兴专业，建立专业的动态调整机制。

扶持紧缺专业，增设产业支撑型专业。高职院校应从自身发展定位出发，以就业为方向标，重点发展新能源、节能环保、旅游休闲、文化创意、物联网、装备制造等与产业发展密切相关的专业，打造产业发展所需的人才体系。首先，调研应用型紧缺人才需求现状，明确人才培养方向和重点，从而满足生产需求；其次，基于行业与专业的调研结果制订人才培养方案，建立产学研人才培养机制；最后，根据实际岗位需求制订专业核心课程，加大实习实训强度，培养具有职业能力的技术技能型人才。与此同时，进一步优化人才资源结构配置，提升专业设置的针对性和有效性，减少集中化程度低的专业，扶持紧缺专业，增设产业支撑型专业和战略性新兴产业所需专业。

打造具有行业特色的品牌专业。高职院校应当根据自身定位，打造具有行业特色的品牌专业，提升专业的核心竞争力。具有行业特色的品牌专业建设要以服务地区经济结构战略性调整和区域人才需求为前提，遵循区位优势和行业优势，从而形成专业发展的独特优势。除了由省教育厅或地市政府举办、开设以外，由行业、企业举办的高职院校绝大部分具备鲜明的专业特色。因此，应当鼓励依托行业办学，邀请企业共同制订人才培养方案，优化专业设置，确定专业培养目标，保证专业发展的适应性，充分发挥行业优势。

三、促进多元主体协同，强化区域良性协同

建立基于共享观念的职业教育产教城协同发展体系。职业教育发展到今天，政府、行业、企业、职业院校等主体协同参与早已成为一种共识。职业教育合作治理是一种提高职业教育发展质量的重要方式，也是一种衡量职业教育发展水平的指标。多元主体参与职业教育治理凸显了共享观念的重要性，没有彼此接受和遵守的共享观念作为合作的基础，政府之外的主体很难参与到职业教育治理中来，即使参与进来，也难以达成良好的治理结果。因此，政府应成为职业教育治理共享观念的创造者和践行者，激发行业、企业、职业院校等主体参与职业教育治理的积极性。需要注意的是，职业教育治理的前提是多元主体具有平等的社会地位。显然，今天中国职业教育治理的多元主体的地位并不完全平等。所以，政府应该转变对待行业、企业和职业院校的领导方式，尊重和认可其他主体的权利。转变职业教育治理组织的上下等级结构，建立平行的网状结构。培育政府、行业、企业、职业院校等主体间的互信文化，这是形成职业教育治理共享观念的基础。共享观念的建立是一个长期的过程，没有多元主体的相互信任、没有多元主体命运共同体的理念，共享观念就难以建立。

加强本区域的产业发展特色，与产业合作开展应用性研究。一是高职院校积极参与企业的科研与技术改造项目，建立双师型教师队伍，通过技术合作项目进行应用性技术开发与研究；二是培养学生技术应用创新能力，通过技术合作开发与研究让学生参与实际工作场景，畅通理论知识与实践技能相结合的通道，为各新型都市区的企业发展提供技术支撑与人才支撑；三是在高职院校中开展各具产业特色的应用技术研究与开发，形成区域发展特色与优势，带动区域的经济发展；四是尝试在区域内构建跨区域应用技术开发中心，由经济发展较快的区域或是新兴产业与高新

技术产业主导的城市率先开展跨区域应用技术开发中心的构建，形成多个区域的资源共享、优势互补、共同发展。

形成跨区域联动合作的体制机制。面对城市间高等职业教育与区域产业协同发展深度不足的问题，创新体制机制改革。一是完善省域层面的顶层设计。在省域层面统筹协调多个城市合作的机制建设与激励政策。二是形成多个城市合作共商制度。各城市协商本市、跨区域以及整个区域层面的高等职业教育与区域产业协同发展的建设方案。三是依托数字化手段搭建跨区域合作的平台。借助数字化手段构建多区域合作的数据中心，使高等职业教育与区域产业协同发展的相关数据公开透明。依托信息化手段构建资源共享库，实现多个区域间优质资源的共建共享，打破城市间的壁垒。

完善不同城市之间协同发展的机制。首先，应该建立职业教育联席会议制度，汇聚多方行政力量，实现跨区域制度协同，按照“信息共通、资源共建、人才共育、成果共享”原则，引导和规范都市圈成员城市整体推进高等职业教育与区域产业协同发展，形成有效支撑高等职业教育与区域产业协同发展的制度、标准体系和发展模式。其次，由于各地高等职业教育发展各有特色，高等职业教育的建设和规划可以进行整体性的设计，形成一体化招生工作意见，协同开发专业教学资源，统一高职院校专业设置和教学标准，实现都市圈内学分互认、学生跨校选课、学习成果互通互认，构建一体化发展机制。

加强都市圈产教深度融合。其一，进一步完善都市圈普职融通、中高贯通、中本贯通、高本贯通、学历职业教育与职后培训一体化的现代化职教体系，稳步推进职教本科和专业学位研究生教育试点工作，提高技术技能型人才的数量和质量。其二，明确和压实政府、学校、行业、企业在职业教育办学中的责任，进一步发挥行业组织在发布人才需求、指导职业教育教学和办学质量评价中的作用，进一步推动区域龙头企业参与职业院校办学的全过程，包括专业设置、各项职业教育标准开发等环节，校企共建实训基地和技术创新平台，为职业院校学生的实习实训、教师的企业实践提供便利条件。其三，职教园和职教集团的职业院校应紧跟区域产业发展动态，及时灵活调整职业教育和培训的专业布局，促进专业设置与产业对接，支撑区域经济转型升级。职教园应进一步完善治理机制，促进园区优质资源共享，支持职业院校三教改革和产业孵化。其四，职业院校应对接“1+X”证书要求，进一步优化人才培养方案，落实三教改革，提升学生的职业能力。与此同时，积极承担职业培训工作，提高区域劳动者的技能，促进学习型城市和技能型社会建设。

参考文献

中文部分

著作类：

[1]陈学飞，林小英，茶世俊.教育政策研究基础[M].北京：人民教育出版社，2011：60.

[2]弗朗西斯·C.福勒.教育政策学导论[M].许庆豫，译.南京：江苏教育出版社，2007：156.

[3]教育部教育规划与战略研究理事会秘书处.建设中国特色、世界水平的现代职业教育体系[M].北京：教育科学出版社，2014：466.

[4]金太军，钱再见，张方华，等.公共政策执行梗阻与消解[M].广州：广东人民出版社，2005：298.

[5]林勇."城校互动"职业教育发展模式研究[M].重庆：重庆大学出版社，2008：57.

[6]史忠良.新编产业经济学[M].北京：中国社会科学出版社，2007：1.

[7]宋胜洲，郑春梅，高鹤文.产业经济学原理[M].北京：清华大学出版社，2012：3.

[8]苏东水.产业经济学[M].北京：高等教育出版社，2010：3-7.

[9]孙绵涛.教育政策学[M].北京：中国人民大学出版社，2010：22.

[10]夏鲁惠.我国高等教育区域化发展研究[M].桂林：广西师范大学出版社，2009：2.

[11]尹伟民，王方，刘克勇.江苏省职业教育专业结构与产业结构吻合度预警报告(2016年)[M].南京：江苏凤凰教育出版社，2016：33.

[12]张念宏.中国教育百科全书[M].北京：海洋出版社，1991：92.

[13]张玉臣.长三角区域协同创新研究[M].北京：化学工业出版社，2009：3.

[14]张玉琴.中日职业教育区域研究[M].保定：河北大学出版社，2005：7.

期刊类：

[1]薄文广，刘佳丽，李睿佳.国内外典型城市新城发展分析及对天津滨海新区经济发展的思考[J].城市，2021(10)：29-36.

[2]曹美苑，兰青.粤港澳大湾区高职专业设置与产业结构的适配性[J].职业技术教育，2019，40(24)：49-55.

[3]曹叔亮.论高职教育园区的集聚效益：模式、类型、机制及影响因素：产业集聚理论的视角[J].职教论坛，2010(1)：39-41.

[4]岑华锋."双高计划"背景下高职院校专业群建设服务区域的价值突破、现实困境和策略建议[J].职教通讯，2021(5)：32-37.

[5]常莉俊，何建华，辛占华.粤港澳大湾区高等职业教育协同发展的实现路径[J].河北职业教育，2022，6(1)：23-27.

[6]陈基纯，王枫.产教融合视域下粤港澳大湾区高职教育专业设置与区域产业结构契合性研究[J].教育与职业，2021(17)：34-39.

[7]陈劲，阳银娟.协同创新的理论基础与内涵[J].科学学研究，2012，30(2)：161-164.

[8]陈先哲，陈雪芹.多中心之下的融合创新：粤港澳大湾区高等教育集群的挑战与出路[J].苏州大学学报(教育科学版)，2019，7(2)：13-19.

[9]代春花.粤港澳大湾区高校创新创业人才培养模式探析[J].中外企业家，2019(34)：149.

[10]付世秋，王双明.职业教育及区域产业发展协同创新的逻辑与机制[J].继续教育研究，2016(10)：66-68.

[11]郭江平，谢晓轲.高职院校建设协同创新平台提升社会服务能力的研究与实践：以佛山职业技术学院为例[J].职教论坛，2014(2)：55-57.

[12]胡德鑫，纪璇."双高计划"背景下高职院校专业集群建构逻辑与路径研究[J].中国职业技术教育，2021(14)：16-23.

[13]霍丽娟.区域发展背景下产教融合度的评价及优化策略研究[J].中国职业技术教育，2020(21)：76-83.

[14]纪慧蓉.产业升级视域下高职教育服务区域经济的功能及优化策略[J].教育与职业，2014(27)：11-13.

[15]姜燕.共生共振：高职教育与区域经济发展的新路径：以常州高职教育园区为例[J].黑龙江高教研究，2012，30(11)：122-124.

[16]雷焕平.粤港澳大湾区背景下珠三角产教深度融合的现状分析与路径重构[J].教育与职业，2021(23)：5-11.

[17]李大卫.天津市国家职业教育改革实验区实训基地建设研究[J].天津市经理学院学报，2011(2)：14-18.

[18]李梦卿，邢晓."双高计划"背景下高职院校专业建设的路径[J].高等教育研究，2020，41(5)：72-79.

[19]李阳.控制权分配与职业教育治理模式：政府职业教育治理行动的一个分析框架[J].职业技术教育，2021，42(31)：34-39.
[20]林海龙."双高计划"视域下广东高等职业教育扩容提质研究:基于服务"双区"的发展思路[J].职业技术教育，2020，41(27)：67-74.
[21]林海龙.现代化经济体系背景下珠三角城市群高职院校专业结构优化调整研究[J].中国职业技术教育，2018(29)：57-62.
[22]刘海明.产教深度融合：高职院校推进区域产业转型升级的战略选择[J].高等工程教育研究，2020(6)：129-135.
[23]刘家枢.建设专业集群:区域高职院校协同创新组织模式的战略思考[J].职教论坛，2013(10)：34-38.
[24]吕景泉，李力.亚洲鲁班工坊项目建设、品牌创建及推广应用研究[J].职业教育研究，2021(10)：4-12.
[25]吕景泉，杨荣敏，狄建明，等.解放思想改革创新服务发展，深化推进国家现代职业教育改革创新示范区建设[J].天津职业院校联合学报，2017，19(1)：3-9.
[26]马建富，周如俊，潘玉山，等.职业教育专业结构与产业结构吻合度研究:以江苏省为例[J].职业技术教育，2017，38(15)：38-44.
[27]毛辉，杨菲，顾伟国.基于产业园区的职业教育产教融合模式研究[J].教育与职业，2022(4)：40-45.
[28]孟传慧.高职人才链与区域产业链适配下的校企合作助推路径探讨[J].职教论坛，2019(5)：159-162.
[29]米靖.论区域职业教育发展的实践创新与理论生成[J].中国职业技术教育，2020(12)：16-25.
[30]闵光泰.第三产业发展与三产人才培养模式探索[J].教育发展研究，2005(7)：82-85.
[31]潘海生，李阳.从管理到治理：我国职业教育治理的变迁逻辑与未来走向[J].高等工程教育研究，2022(5)：128-132,138.
[32]潘海生，宋亚峰，王世斌.职业教育产教融合政策框架建构与困境消解[J].吉首大学学报(社会科学版)，2019，40(4)：69-76.
[33]潘海生，张梦云，王宁.企业参与职业教育的动机偏好及政策效度的实证研究[J].教育发展研究，2017，37(Z1)：23-30.
[34]潘懋元.教育的基本规律及其相互关系[J].高等教育研究，1988(3)：6-12.
[35]邱福明，鞠红霞.高职专业群与产业链协同创新的价值与路径探索[J].中国高等教育，2020(Z3)：76-78.
[36]曲彤，刘东岳.以职业教育产教城融合推动城市高质量发展:天津市打造新时代职业教育发展创新标杆[J].天津教育，2022(13)：8-11.
[37]阮艺华.珠江三角洲经济发展中的职业教育：经验、趋势与前瞻[J].职教通讯，2004(2)：7-10.

[38]桑凤平.日本职业教育促进产业发展的经验及其借鉴[J].教育研究，2012，33(6)：150-154.
[39]申文缙，周志刚.德国职业教育质量指标体系及启示[J].外国教育研究，2015，42(6)：109-118.
[40]沈陆娟.高职教育与区域产业结构的互动研究[J].职教论坛，2010(27)：11-15.
[41]施南奇.高质量发展背景下我国职业教育园区建设的实践与探索:基于苏锡常三地职教园区比较分析[J].职教论坛，2022，38(3)：104-109.
[42]宋亚峰.定点·连线·拓面·筑体：职业教育产教融合的深化理路[J].职教论坛，2022，38(7)：45-51.
[43]宋亚峰.高等职业教育产教融合政策的实践样态与优化逻辑[J].职业技术教育，2020，41(7)：6-12.
[44]苏菡丽，李俊飞，沈文其.产业转型升级背景下苏州高职教育服务区域经济发展的实践与思考[J].教育与职业，2018(12)：47-50.
[45]孙方一.融入粤港澳大湾区背景下的粤北高职院校产教深度融合路径[J].职业技术教育，2019，40(18)：32-36.
[46]覃礼媛，郭正涛.工业4.0背景下珠三角地区职业教育发展研究[J].广东技术师范学院学报，2018，39(2)：13-18.
[47]唐智彬，石伟平.论高等职业教育与产业发展协同创新的逻辑与机制[J].教育与经济，2015(4)：3-7,29.
[48]王凤基.广东高职教育发展的现状、问题与对策[J].教育与职业，2010(14)：13-15.
[49]王岚.基于“鲁班工坊”提升我国参与全球职业教育治理能力研究[J].职教论坛，2022，38(3)：37-44.
[50]王田，范蕾.天津职教示范区与中西部地区协作发展产教融合分析研究[J].天津教育，2019(28)：56-59.
[51]王亚南，成军.高职院校高水平专业群建构：内涵意蕴、逻辑及技术路径[J].大学教育科学，2020(6)：118-124.
[52]王亚南，成军.职业教育专业群建构的三维逻辑：产业需求、知识关联及有效治理——基于教育链、人才链与产业链的耦合匹配[J].职教通讯，2021(4)：7-18.
[53]魏中林.抓住机遇 迎接挑战 大力推动广东高等职业教育事业的发展:在广东省高等职业教育研究会2009年学术年会上的讲话[J].广东技术师范学院学报，2010，31(4)：103-107.
[54]肖凤翔，贾旻.行业协会参与现代职业教育治理的机理、困境和思路[J].西南大学学报(社会科学版)，2016，42(4)：84-91，190.
[55]谢琪，谢志远.人才链匹配产业链视域下高职院校专业群建设：要旨、机制与路径[J].中国职业技术教育，2020(8)：47-53.

[56]熊贵营. 苏州高职教育服务地方经济社会发展的人才贡献度研究[J]. 职业技术教育，2020，41(5)：15-18.
[57]徐国庆. 技术本科教育的发展问题[J]. 职教论坛，2014(36)：1.
[58]徐兰，王凯风. 高水平专业群适应性发展的内涵意蕴、掣肘因素与实践模式[J]. 职业技术教育，2022，43(4)：39-45.
[59]杨荣敏. "鲁班工坊"建设的天津实践[J]. 高等职业教育(天津职业大学学报)，2020，29(1)：3-6，16.
[60]叶庆，狄建明，李霞. 海河教育园区的规划与建设研究[J]. 天津职业院校联合学报，2011，13(6)：3-8.
[61]叶宗艳，胡斌武. 职教园区办学模式探析[J]. 职教论坛，2013(13)：20-23.
[62]岳爱臣，李怀伦，唐洪森. 论高等职业教育与产业布局发展契合度：以泉州信息工程学院深度融合地方产业为例[J]. 职教论坛，2019(1)：118-121.
[63]张成玉. 示范性院校分布格局与珠三角高职发展[J]. 职业技术教育，2008，29(1)：37-39.
[64]张海峰，王义谋. 高等职业教育概念的科学界定[J]. 中国职业技术教育，2002(18)：34-35.
[65]张慧，查强. 高水平高职院校特色发展的价值意蕴与行动逻辑：中和位育思想的启示[J]. 职教论坛，2019(1)：13-19.
[66]张楠楠，周凯，汪珊. 职业教育生态系统应用研究：以天津市滨海新区为例[J]. 河北大学成人教育学院学报，2022，24(3)：58-63.
[67]张扬，王颖. 高职教育与区域战略新兴产业协同发展途径研究[J]. 江苏高教，2016(1)：138-141.
[68]张耘，蒋心亚. 高职教育专业结构适应区域经济发展的理性思考[J]. 职教通讯，2015(21)：18-21.
[69]赵晶晶. 区域发展战略视角下的职业教育空间布局优化研究[J]. 职教论坛，2016(36)：11-14.
[70]周阳，韩祁祺. 共建共享理念下的大学城商业设施规划布局研究：以天津海河教育园区为例[J]. 工程经济，2019，29(10)：44-49.
[71]朱德全. 职业教育促进区域经济高质量发展的战略选择[J]. 国家教育行政学院学报，2021(5)：11-19.

报纸类：

[1]冯海波. 粤高职院校专业设置精准对接重点产业[N]. 广东科技报，2019-04-05(14).

学位论文类：

[1]曹青林. 协同创新与高水平大学建设[D]. 华中师范大学，2014.
[2]郭达. 产业演进趋势下高等职业教育与产业协调发展研究[D]. 天津大学，2017.

[3]郝丽娟.西部地区高等职业教育与经济产业的适应性研究[D].陕西师范大学，2015.

[4]何海玲.高职教育服务区域经济发展的现状及对策研究——以茂名职业技术学院为例[D].江西财经大学，2017.

[5]李阳.改革开放以来我国职业教育产教融合政策工具选择研究[D].陕西师范大学，2021.

[6]刘德平.大珠江三角洲城市群协调发展研究[D].华中农业大学，2006.

[7]汤玲.珠三角城市群产业分工与专业化演进机理研究[D].暨南大学，2012.

[8]王婷.高等职业教育、产业结构与区域经济增长联动机制研究[D].西南民族大学，2018.

[9]王亚凤.山东省高等职业教育与区域经济协调发展研究[D].山东财经大学，2015.

[10]王耀华.高等职业教育与区域产业协同发展研究——以秦皇岛市为例[D].河北科技师范学院，2012.

[11]张豪.大学—产业合作组织协同创新研究[D].哈尔滨工业大学，2016.

[12]张慧青.基于产业结构演进的高职专业结构调整研究[D].华东师范大学，2017.

[13]朱合猛.京津冀协同发展背景下河北省高等职业教育发展研究[D].河北大学，2015.

外文部分

著作类：

[1]GABRIELE I E STROHSCHEN. Handbook of blended shore education[M]. New York:Springer US，2009：241-259.

期刊类：

[1]ANSOFF H I. Corporate strategy revised ed[J]. Bungay，UK：Richard Clay Ltd，1987：35-83.

[2]HAKEN H. Synergetics[J]. Physics Bulletin，1977，28(9)：412.

[3]PORTO GÓMEZ I，ZABALA-ITURRIAGAGOITIA J M，AGUIRRE LARRAKOETXEA U. Old wine in old bottles：the neglected role of vocational training centres in innovation[J]. Vocations and Learning，2018，11(2)：205-221.

[4]LUND H B，KARLSEN A. The importance of vocational education institutions in manufacturing regions：adding content to a broad definition of regional innovation systems[J]. Industry and Innovation，2020，27(6)：660-679.

[5]ATTWELL G. New roles for vocational education and training teachers and trainers in Europe：a new framework for their education[J]. Industrial and commercial training，1999，31(5)：190-200.

[6] RUSTEN G, HERMELIN B. Cross-sector collaboration in upper secondary school vocational education: experiences from two industrial towns in Sweden and Norway[J]. Journal of Education and Work, 2017, 30(8): 813-826.

[7]OLAZARAN M, ALBIZU E, OTERO B, et al. Vocational education-industry linkages: intensity of relationships and firms' assessment[J]. Studies in Higher Education, 2019, 44(12): 2333-2345.

[8]RANGA L M, MIEDEMA J, JORNA R. Enhancing the innovative capacity of small firms through triple helix interactions: challenges and opportunities[J]. Technology Analysis & Strategic Management, 2008, 20(6): 697-716.

[9]SHEGELMAN I, SHCHUKIN P, VASILEV A. Integration of universities and industrial enterprises as a factor of higher vocational education development[J]. Procedia-Social and Behavioral Sciences, 2015, 214: 112-118.

[10] PORTER M E. Location, competition, and economic development: local clusters in a global economy[J]. Economic development quarterly, 2000, 14(1): 15-34.

[11]BERNINI C. Convention industry and destination clusters: evidence from Italy [J]. Tourism Management, 2009, 30(6): 878-889.

[12] BRUNOW S, BLIEN U. Agglomeration effects on labor productivity: An assessment with microdata[J]. Region, 2015, 2(1): 33-53.

[13]GUPTA A. Securing the future of the Indian IT industry: a case for educational innovation in higher technical education—challenges and the road ahead[J]. Industry and Higher Education, 2005, 19(6): 423-431.

论文集、会议录类:

[1]LIU J. Research on construction of collaborative innovation system for realization of more attractive higher vocational education[C]. 3rd International Conference on Arts, Design and Contemporary Education (ICADCE 2017). Paris: Atlantis Press, 2017: 801-803.

后 记

职业教育与普通教育是两种不同的教育类型，具有同等重要的地位，是面向人人的终身教育、面向市场的就业教育、面向能力的实践教育、面向社会的跨界教育，更是关系国计民生的教育类型。产教融合、校企合作则是职业教育的灵魂，也是我国职业教育人才培养的基本模式，在新修订的《中华人民共和国职业教育法》中得到认可，也在实践层面取得了诸多典型经验。时代是思想之母，实践是理论之源。职业教育产教融合的深化要善于聆听时代的声音、把握时代的脉搏，明确我国职业教育发展的历史方位和时代使命。明确方位才能找准方向，找准方向才能行稳致远。

本书聚焦于当下高等职业教育发展最核心的问题“高等职业教育与区域产业协同发展”展开了剖析。全书深入研究以天津市为例的高等职业教育与区域产业协同发展的产教城互动模式，以珠三角城市群为例的高等职业教育与区域产业协同发展的省域内城市群互动模式，以苏锡常都市圈为例的高等职业教育与区域产业协同发展的城市群互动模式。与此同时，本书也对三类典型互动模式的实践困境进行了分析，并提出了有针对性的对策建议，期待能够为解决高等职业教育与区域产业协同发展的难点、堵点和痛点问题提供经验与启示。

本书的付梓凝结着整个团队的智慧、努力和汗水。为了研究的顺利开展，我们多次召开研讨会，数易其稿，才将本书呈现给读者。本书的整体分工如下：潘海生、郄海霞、宋亚峰对全书的研究思路、研究框架和研究内容做了整体设计，并对全书内容做了整体把关；第一章由李莹、郄海霞撰写；第二章由汤杰、宋亚峰撰写；第三章由李阳、潘海生撰写；第四章由林晓雯、潘海生撰写；第五章由汤杰、潘海生撰写；第六章由林晓雯、翁幸、宋亚峰撰写；第七章由汤杰、林晓雯、李阳、宋亚峰撰写。

本书的出版得到了教育部哲学社会科学研究重大课题攻关项目“职业教育专业

建设与产业发展的谱系图研究”(20JZD055)的资助，也得到了天津大学社科处的大力支持，在此特别感谢。同时也特别感谢北京师范大学出版社大力支持以及编辑王云英女士的辛苦付出，才使得本书可以早日与读者见面。

在本书写作过程中，我们尽可能力求完善，但由于研究团队水平限制和时间仓促，书中的纰漏在所难免，敬请广大读者批评指正、多提宝贵意见。

本书作者

2022 年 10 月 16 日